beck'sche reihe

bsr

Seit der Teilung Britisch-Indiens 1947 ist der frühere Fürstenstaat Jammu und Kaschmir ein Zankapfel zwischen Pakistan und Indien. Pakistan beansprucht den Staat wegen der muslimischen Bevölkerungsmehrheit im Tal von Kaschmir. Indien, dem sich der hinduistische Maharaja von Jammu und Kaschmir angeschlossen hatte, weist den Anspruch Pakistans zurück. In den letzten Jahrzehnten haben beide Kontrahenten mehrere blutige Kriege um Kaschmir geführt, die zu einer zunehmenden Radikalisierung von islamischen Glaubenskämpfern und Hindu-Nationalisten, zu Terror und Pogromen geführt haben. Jetzt stehen sich die feindlichen Nachbarn als Atommächte gegenüber. Die «Krieg-in-Sicht-Krise» vom Frühjahr 2002 hat gezeigt, zu welcher Katastrophe der erbitterte Kampf um das idyllische Land am Rande des Himalaya führen kann. – Der international renommierte Südasien-Experte Dietmar Rothermund schildert in diesem Buch allgemeinverständlich die unterschiedlichen historischen, kulturellen, religiösen und politischen Facetten des Konflikts und fragt abschließend nach möglichen Wegen aus der Krise.

Dietmar Rothermund, geboren 1933, ist emeritierter Professor für die Geschichte Südasiens am Südasien-Institut der Universität Heidelberg, das er viele Jahre leitete. Er ist Fellow of the Royal Historical Society, London, und Vorsitzender der European Association of South Asian Studies. Zahlreiche, in viele Sprachen übersetzte Veröffentlichungen haben ihn international bekannt gemacht. Bei C.H.Beck hat er das Handbuch «Indien. Kultur, Geschichte, Politik, Wirtschaft, Umwelt» (1995) herausgegeben. Außerdem erschienen «Mahatma Gandhi. Eine politische Biographie» (1997), «Geschichte Indiens. Von der Induskultur bis heute» (mit Hermann Kulke, 2. Aufl. 1998) sowie «Geschichte Indiens. Vom Mittelalter bis zur Gegenwart» (2002).

Dietmar Rothermund

Krisenherd Kaschmir

Der Konflikt der Atommächte Indien und Pakistan

Verlag C.H.Beck

Mit 5 Karten und 7 Abbildungen

Die Deutsche Bibliothek – CIP-Einheitsaufnahme

Ein Titeldatensatz für diese Publikation
ist bei Der Deutschen Bibliothek erhältlich

Originalausgabe

Gesamtherstellung: Druckerei C.H. Beck, Nördlingen
Umschlagentwurf: +malsy, Bremen
Kartographie: Nils Harm
Printed in Germany
ISBN 3 406 49424 2

www.beck.de

Inhalt

Vorwort

Im Frühjahr 2002 standen die beiden Atommächte Indien und Pakistan am Rande des Abgrunds und sind gerade noch rechtzeitig davor zurückgewichen. Ihr Konflikt geht auf das Jahr der Gründung beider Staaten zurück, als Britisch-Indien von der scheidenden Kolonialmacht geteilt wurde. Die indischen Fürstenstaaten, die nur unter indirekter britischer Herrschaft standen, wurden nicht in die Teilung einbezogen. Der Maharaja von Jammu und Kaschmir spielte zunächst mit dem Gedanken an einen unabhängigen Staat, eine Art südasiatische Schweiz. Er erbat sich Bedenkzeit, doch Pakistan kürzte sie ihm ab, indem es Freischärler und dann auch reguläre Truppen in seinen Staat einmarschieren ließ. Da vollzog er den Anschluss an Indien. Die indische Armee drängte die pakistanischen Invasoren zurück. Schließlich wurde 1949 eine Waffenstillstandslinie gezogen, die noch heute die faktische Grenze zwischen den verfeindeten Nachbarn ist. Der Dauerkonflikt, der seither besteht, hat zu immer neuen kriegerischen Auseinandersetzungen geführt. Das vorliegende Buch versucht, diesen Konflikt zu erklären und die politische Geschichte von 1947 bis heute unter diesem besonderen Gesichtspunkt darzustellen.

Ich habe den Text aus dem aktuellen Anlass der «Krieg-in-Sicht-Krise» vom Frühjahr 2002 in relativ kurzer Zeit verfasst, da es erstaunlicherweise bisher kein Buch in deutscher Sprache zu dem Dauerkonflikt zwischen Indien und Pakistan gibt. Dabei kam mir zugute, dass ich mich seit 1960 sozusagen «hauptberuflich» mit der Geschichte Südasiens beschäftige, eine Reihe von Jahren in Indien verbracht und dabei viele der politischen Akteure in persönlichen Gesprächen kennengelernt habe.

Das Tal von Kaschmir ist ein Paradies auf Erden. Die Großmoguln haben dort ihre bezaubernden Gärten angelegt, in die sie sich

Abb. 1: Landschaft in Kaschmir. Foto: SV-Bilderdienst/Wolf Hellige

im Sommer vor der Hitze der nordindischen Ebene zurückzogen. Auch hier im Tal von Kaschmir gibt es eine weite Ebene, die von Alleen mit Pappelbäumen durchzogen ist. Doch ringsum leuchten am Horizont die schneebedeckten Gipfel des Himalaya. Ich besuchte diese herrliche Gegend im Herbst 1961. Der Anlass war eine Konferenz, die festlich von dem jungen *Sadar-i-Riyasat* Karan Singh eröffnet wurde. Er war der Kronprinz dieses Fürstenstaates gewesen, der nun die Rolle eines republikanischen Gouverneurs spielte. Aber er trug bei dieser Eröffnungszeremonie einen rosa Turban, der jedem Maharaja zur Ehre gereicht hätte.

Das liebliche, prächtige Kaschmir hätte ich gern für immer so in Erinnerung behalten, aber es hat in den Jahren danach unsägliches Leid ertragen müssen. Wie traurig das Schicksal Kaschmirs ist, wurde mir beim Schreiben dieses Textes deutlich, als ich den Weg, den es gegangen ist, Schritt für Schritt nachvollziehen musste.

Beim Verfassen des Textes habe ich Hilfe erhalten, für die ich mich hier bedanken möchte. Dr. Klaus Kübler, der in seiner Zeit als Bundestagsabgeordneter Kaschmir oft besucht und dort politische Gespräche geführt hat, hat das Manuskript vor dem Druck gelesen und kommentiert. Meine Frau Chitra hat seine Entstehung kritisch begleitet und mir manchen Rat gegeben. Meine Schwester Ilse Düwell hat gewissenhaft Korrektur gelesen und viele Fehler aufgespürt. Dr. Ulrich Nolte, Lektor des Verlags C.H.Beck, hat mir von der ersten Anregung zu diesem Thema bis zur raschen Produktion des Büchleins tatkräftig zur Seite gestanden. Nils Harm, Kartograph des Südasieninstituts der Universität Heidelberg, hat die Karten für dieses Buch gezeichnet. Auch ihm gebührt mein Dank.

Dossenheim bei Heidelberg, Juli 2002 Dietmar Rothermund

1.
Hindus und Muslime in Britisch-Indien: Herrsche und teile

Mehrheit und Minderheit

Islamische Eroberer hatten den größten Teil Indiens seit dem 13. Jahrhundert beherrscht, doch war höchstens ein Viertel der Bevölkerung zum islamischen Glauben bekehrt worden. Das geschah teils unter politischem Druck, teils durch das Wirken islamischer Heiliger, die auch entlegenere Gebiete missionierten. Die Eroberer waren Reiterkrieger, die Indien einem militärischen Überlagerungsfeudalismus unterwarfen. Viele von ihnen waren türkische und afghanische Einwanderer. Sie kontrollierten das Umland von ihren Garnisonsstädten aus, die zugleich Verwaltungszentren und Marktflecken waren. Auf dem Lande blieben die Bauern zumeist Hindus.

Der Hinduismus kennt viele Ausdrucksformen. Er hat weder eine «Kirche» noch eine Gemeindeorganisation und damit auch keine von einer höheren Instanz ordinierten Priester. Die religiöse Tradition wird von den Brahmanen getragen, die in diese Stellung hinein geboren werden. Hindukönige ließen sich und ihre Herrschaft von den Brahmanen legitimieren und schenkten ihnen dafür Land, das den Brahmanenfamilien über viele Generationen hinweg ein gutes Einkommen sicherten. Diese Familien widmeten sich der Pflege religiöser Gelehrsamkeit. Sie wussten, was von ihnen erwartet wurde, und hüteten die Tradition gewissenhaft. Das versah den Hinduismus mit einer sehr flexiblen Struktur. Die islamischen Eroberer fanden nirgends ein hinduistisches Zentrum, das sie zerstören oder usurpieren konnten. Sie errichteten hier und dort Moscheen über zerstörten Tempeln, aber den Hinduismus konnten sie so nicht überwinden. Außerdem hatten islamische Herrscher nur ein begrenztes Interesse an Massenbekehrungen. Ungläubige zahlten eine Kopfsteuer, wurden sie bekehrt, waren sie davon frei und der Herrscher nahm weniger ein.

In einer Hinsicht aber veränderte die islamische Herrschaft die Struktur Indiens. Waren zuvor die Städte Mittelpunkte der Hindu-Kultur gewesen, so wurde die indische Urbanität nun islamisch geprägt und der Hinduismus wurde rustikal. Die Brahmanen reagierten defensiv und schirmten ihre Kultur gegen äußere Einflüsse ab. Bezeichnend dafür war das Seereiseverbot. Jeder der das Meer, «kala pani» (das schwarze Wasser), überquerte, wurde exkommuniziert und musste sich Reinigungszeremonien unterziehen, wenn er wieder ein geachtetes Mitglied seiner Kaste werden wollte. Früher hatten Hindukönige sogar Seekriege geführt, und Brahmanen und Kaufleute hatten die indische Kultur nach Südostasien getragen. Dem setzte die islamische Herrschaft über Indien ein Ende.

Der Hochmut der islamischen Reiterkrieger, die auf alle herabsahen, die nicht beritten waren, und der defensive Geist der Brahmanen, die Indien vor allen äußeren Einflüssen bewahren wollten, bestärkten eine introvertierte Haltung, die nur dem, was in Indien geschah, Bedeutung zumaß und eine Bedrohung von außen unterschätzen musste. Es kam hinzu, dass eine Invasion Indiens zur See unmöglich erschien, weil der im buchstäblichen Sinne wetterwendische Monsun stets die Nachschublinien unterbrochen hätte. Die europäischen Mächte, die nach und nach ihre Brückenköpfe in Indien errichteten, wurden daher nicht ernst genommen. Sie waren sogar willkommen, weil sie Silber ins Land brachten und so die Monetisierung der Grundsteuer ermöglichten, die für den Machterhalt der Herrscher erforderlich war.

Als die Briten im 18. Jahrhundert eine sich rasch ausweitende Territorialherrschaft in Indien errichteten, nachdem sie sich zuvor lange Zeit mit dem Ausbau von Brückenköpfen begnügt hatten, geschah dies auf eine Weise, die für die meisten Inder nicht zu durchschauen war – und daher auch keinen organisierten Widerstand hervorrief. Die Briten eroberten Indien mit indischen Söldnern, die in der Regel nicht beritten waren, sondern zu Fuß daherkamen und auch keine Waffen hatten, die in Indien unbekannt gewesen wären. Ihr Erfolgsgeheimnis war allein der Infanteriedrill, der selbst Truppen, die noch mit Vorderladern ausgerüstet waren, zu menschlichen «Maschinengewehren» machte. Es kam hinzu, dass der Dienstherr dieser Truppen eine Handelsgesellschaft war, die stets mit dem Rechenstift arbeitete, aber auch ihre Söldner pünktlich bezahlte, während indischen Kriegshelden oft genug das Geld ausging und ihnen dann die Truppen davonliefen.

Im Unterschied zu den islamischen Reichen, bei denen allein das Militär das Sagen hatte, war die neue britische Herrschaft eine zivile Herrschaft. Der britische Distriktbeamte, der den prosaischen Titel «Collector» (Steuereinnehmer) hatte, löste den Garnisonskommandanten der Reiterkrieger ab, der zugleich die lokale Verwaltung besorgt hatte. Für die Hindus bedeutete dieser Herrschaftswechsel zunächst eine willkommene Erlösung von islamischer Bedrückung, während die Muslime ihrem Machtverlust nachtrauerten und den Hindus den raschen Aufstieg unter den neuen Herren neideten, denen sie sich durch Dienstleistungen aller Art bald unentbehrlich machten.

Die britische Macht gab sich zunächst betont «säkular» und wollte ihre indischen Untertanen auf gar keinen Fall beunruhigen, indem sie sich als «christliche» Macht etablierte. Doch im 19. Jahrhundert waren die christlichen Missionare nicht mehr aufzuhalten. Sie errichteten nicht nur Kirchen, sondern auch Bildungsanstalten, die ganz besonders von jungen Hindus besucht wurden, von denen sich freilich nur wenige bekehren ließen. Sie rezipierten geradezu begierig die englische Literatur und die Ideen westlicher Philosophen, fühlten sich aber auch durch die Angriffe der Missionare auf ihren Glauben herausgefordert und zu dessen beredter Verteidigung aufgerufen. So entstand im Laufe des 19. Jahrhunderts ein philosophisch begründeter Neo-Hinduismus, der sich auch auf die Erkenntnisse westlicher Indologen berufen konnte. Der in Oxford lehrende deutsche Sanskritist und Religionswissenschaftler Max Müller spielte dabei eine herausragende Rolle. Er wurde geradezu zum Gewährsmann des indischen Nationalismus, der auf diesem Neo-Hinduismus beruhte.

Der neo-hinduistische Nationalismus war nicht eigentlich antiislamisch, aber er schloss naturgemäß die Muslime aus. Konfliktträchtig wurde dies erst dann, als die Nationalisten demokratische Verfassungsreformen forderten und die Muslime die Befürchtung hegen mussten, von den Hindus permanent majorisiert zu werden. Diese Befürchtungen erhielten durch die Volkszählungen

Auftrieb. Eine erste, noch recht unvollkommene Volkszählung war 1871 vorgenommen worden, ihr folgte 1881 eine sehr viel genauere Zählung. Sie wird bis heute im Zehnjahresrhythmus fortgesetzt. Hatte man zuvor nur eine sehr vage Ahnung davon, dass die Muslime in Britisch-Indien in der Minderheit waren, so wurde das durch die Volkszählungen nun allzu deutlich.

Nun waren die ersten indischen Verfassungsreformen, die die Briten recht zögerlich und halbherzig gewährten, noch nicht so beschaffen, dass sie einer Mehrheit in der Legislative eine entscheidende Bedeutung zugemessen hätten. Die indischen Institutionen ähnelten in dieser Hinsicht dem zeitgenössischen deutschen Reichstag. Der wurde von Spöttern «Reichsgesangsverein» genannt, weil die Abgeordneten zwar ihre Kritik an der Regierung lautstark vortragen durften, aber sonst keinen Einfluss auf sie hatten. Welche Lieder nun Muslime oder Hindus in einem solchen «Gesangsverein» anstimmen mochten, war deshalb gleichermaßen unwichtig. Doch im frühen 20. Jahrhundert zeichnete sich eine neue Entwicklung ab, die Hoffnungen und Befürchtungen weckte. Eine neue Verfassungsreform stand bevor und zudem hatten 1906 die Liberalen in Großbritannien nach langer Zeit wieder eine Regierung gebildet, und der Philosoph John Morley, ein Schüler und Biograph John Stuart Mills, war Indienminister geworden. Von ihm erwarteten die indischen Nationalliberalen unter Führung von Gopal Krishna Gokhale einen großen Fortschritt bei der neuen Verfassungsreform. Gokhale reiste mehrfach zu Gesprächen mit Morley nach London, doch zur gleichen Zeit regten sich Gegenkräfte in Indien, wo der Vizekönig Lord Minto und sein Staatssekretär Sir Herbert Risley die Muslime dazu animierten, die Forderung nach separaten Wählerschaften vorzutragen, die die Minderheit vor der Majorisierung schützen sollten.

Separate Wählerschaften für indische Muslime: Auftakt zur Teilung Indiens

Herbert Risley, der bedeutende Werke zur Anthropologie Bengalens veröffentlicht hatte und 1901 für die Volkszählung zuständig gewesen war, die er zu einem genauen Abbild der indischen Gesellschaft machen wollte, fand überzeugende Argumente, um

Morleys Widerstand gegen solche separaten Wählerschaften zu brechen. Morley war in einer früheren liberalen Regierung für Irland zuständig gewesen, und Risley zitierte daher den Konflikt zwischen Katholiken und Protestanten in Nord-Irland als Beispiel dafür, dass gemeinsame Wählerschaften nur dann sinnvoll seien, wenn sich Minderheiten durch den Wandel der politischen Meinung in Mehrheiten verwandeln könnten, dass dies aber nie für religiöse Minderheiten gelten könne. Lord Minto hatte derweilen eine Delegation der Muslime unter Führung des Agha Khan 1906 in seine Sommerresidenz in Simla eingeladen und ließ sich dort von ihnen die Forderung nach separaten Wählerschaften vortragen.

Morley war verunsichert. In einer Rede in seinem schottischen Wahlkreis sagte er, dass er keine parlamentarische Regierungsform in Indien einzuführen gedenke, ebensowenig wie er den Indern empfehlen wolle, in ihrem heißen Sommer Pelzmäntel zu tragen. So begann die Debatte um den Parlamentarismus in Indien, dessen Einführung die indischen Nationalisten umso intensiver forderten, je mehr die Briten ihnen diese Regierungsform vorzuenthalten versuchten. Spätere Vorschläge des Agha Khan, der auf alternative Modelle wie den Schweizer Bundesstaat oder die amerikanische Präsidialdemokratie verwies, fanden bei den indischen Nationalisten gar kein Gehör mehr.

Die Briten hatten allerdings schon deshalb einen guten Grund, Indien den Parlamentarismus vorzuenthalten, weil er letztlich dazu führen musste, dass die Inder auf demokratischem Wege die britische Exekutive absetzen konnten. Andererseits hatten sie selbst keine Erfahrungen mit anderen Regierungsformen. So konnten sie den Indern nur einen kastrierten Parlamentarismus gewähren und sie dadurch nur noch mehr reizen. Die Morley-Minto-Reform von 1909, die nach langen Debatten endlich verabschiedet wurde, ging übrigens über das Model des «Reichsgesangvereins» noch nicht hinaus. So waren denn auch die separaten Wählerschaften für Muslime, die sie gewährte, noch nicht von besonderer Bedeutung. Gokhale, der sie natürlich nicht befürwortet hatte, übte kaum Kritik an ihrer Einführung. Er starb 1915, bevor der weitere Gang des Reformprozesses erwies, wie verhängnisvoll dieses Zugeständnis an die Muslime sein sollte.

Der Natur der Sache nach war die Einführung solcher Wählerschaften eigentlich nur in Wahlkreisen sinnvoll, in denen die Muslime in der Minderheit waren – also in den Provinzen, in denen sie in der Diaspora lebten und die später in der Republik Indien verblieben. Doch sie wurden auch in den Provinzen mit muslimischer Mehrheit eingeführt, in denen sie völlig überflüssig waren. Es ist also geradezu eine Ironie des Schicksals, dass die Einrichtung dieser Wählerschaften den Auftakt zu einer späteren Teilung des Landes bedeutete, bei der die Provinzen, für die sie relevant waren, in Indien verblieben, während die, für die sie irrelevant waren, abgetrennt wurden, um einen eigenen Staat zu bilden.

Wie kam es zu dieser grotesken Entwicklung? Zwei Gründe können dafür genannt werden. Zum einen wurde die politische Entwicklung Indiens von der Einführung jenes kastrierten Parlamentarismus geprägt, von dem bereits die Rede war, zum anderen wurde die politische Willensbildung der Muslime durch die separaten Wählerschaften in Bahnen gelenkt, die den Interessenseparatismus hervorhoben. Um sich seinen Wählern zu empfehlen, musste der muslimische Kandidat ein politisches Profil zeigen, das ihren Erwartungen als Muslime entsprach – ja er musste geradezu solche besonderen Erwartungen wecken. Mit dem Parlamentarismus, der auf Interessenaggregation zum Zweck der regierungsfähigen Mehrheitsbildung basiert, war das nicht vereinbar. Die Väter der nächsten Verfassungsreform, der Indienminister Montagu und der Vizekönig Lord Chelmsford, brachten das 1919 in ihrem gemeinsamen Bericht auch ganz klar zum Ausdruck, sagten aber zugleich, dass die separaten Wählerschaften von den Muslimen nun bereits als politischer Besitzstand betrachtet würden und daher nicht wieder abgeschafft werden könnten. Damit war ein weiterer Schritt hin zu einer Teilung Indiens getan.

Die Montagu-Chelmsford-Reform ließ die Zentralregierung weitgehend unberührt, führte aber eine neue Form der Provinzregierungen ein, wobei sich ernannte britische Beamte und gewählte indische Minister die Regierungsverantwortung teilten. Die indischen Minister waren dabei auf die Unterstützung der Legislative der Provinz angewiesen, die britischen Beamten aber nicht. Diese Konstruktion war so frustrierend, dass sie beim nächsten Reformschritt korrigiert werden musste. Es wurden danach Provinzregierungen gebildet, in denen indische Minister allein verantwortlich waren, und zugleich wurde ein Bundesstaat geschaffen, dessen Exekutive – der Vizekönig und sein Rat – unabsetzbar blieb. In diesen Bundesstaat sollten nun auch die indischen Fürstenstaaten einbezogen werden – darüber soll später berichtet werden. Die separaten Wählerschaften blieben weiterhin erhalten. Hatten sie schon zu der vorigen Verfassungsreform nicht gepasst, so waren sie in diesem neuen Verfassungsrahmen noch störender. Es kam hinzu, dass die britisch-indische Verfassung nur einem beschränkten Teil der Bevölkerung das Wahlrecht gab, dieses aber nach dem Vorbild des britischen Mehrheitswahlrechts ausgeübt wurde, während ein Verhältniswahlrecht weit besser zu einem System separater Wählerschaften gepasst hätte.

Das Resultat der Wahlen von 1936/37, die schließlich nur in den Provinzen abgehalten wurden, weil der Bundesstaat nicht zustande kam, stand in krassem Gegensatz zu dem, was man beim Bestehen separater Wählerschaften hätte erwarten können. Das enttäuschte den Führer der Muslim-Liga, Mohammed Ali Jinnah, zutiefst, denn der hatte gehofft, dass die separaten Wählerschaften ihm alle muslimischen Stimmen sozusagen automatisch gesichert hätten und er dann zum umworbenen Koalitionspartner des Nationalkongresses werden musste, der unter der Führerschaft von Gandhi und Nehru ohne Zweifel den Sieg in den allgemeinen (hinduistischen) Wählerschaften davontragen würde. Womit Jinnah nicht gerechnet hatte, war, dass auch der Nationalkongress eigene Muslimkandidaten in den separaten Wählerschaften aufstellen konnte und dass die Provinzen mit einer Muslimmehrheit, in der ja die separaten Wählerschaften eigentlich irrlevant waren, nicht für die Muslim-Liga, sondern für Provinzialparteien stimmen würden. Das Ergebnis war für Jinnah niederschmetternd. Er war nirgends als Koalitionspartner begehrt und hatte sich sozusagen selbst in eine politische Wüste geschickt, aus der er nun einen Ausweg finden musste. Der konnte aber nur darin bestehen, dass er sich zum politischen Führer der zwei Provinzen mit muslimischer Mehrheit, Bengalen und Panjab, aufschwang. In keiner dieser beiden Provinzen hatte er eine Hausmacht. Also musste er an die Existenz einer «muslimischen Nation» appellieren und die Absurdität der separaten Wählerschaften durch eine neue Absurdität ersetzen, die als solche erst später offenbar wurde, nachdem es ihm gelungen war, die Teilung Indiens zu erzwingen.

Zwei Nationen – zwei Staaten?

In seiner Rede auf der Jahresversammlung der Muslim-Liga in Lahore im März 1940 verkündete Jinnah seine «Zwei-Nationen-Theorie», derzufolge Hindus und Muslime zwei Nationen seien und daher auch verschiedene Nationalstaaten bilden müssten. «Pakistan» wurde in diesem Zusammenhang nicht erwähnt. Es war auch nicht von einem einzelnen Muslimstaat, sondern von «Staaten» die Rede. Der Name «Pakistan» war 1933 von dem Panjabi Rahmat Ali in Cambridge geschaffen worden, ein Akronym aus den Anfangsbuchstaben und einer Endsilbe der Provinzen, die das heutige Pakistan bilden («P» für Panjab, «A» für Afghan Province [= Northwest Frontier Province], «K» für Kaschmir, «S» für Sind und «stan» für Baluchistan). Es war also schon 1933 an die Einbeziehung Kaschmirs in einen muslimischen Staat gedacht worden. Bengalen hatte Rahmat Ali nicht beachtet. Als er darauf aufmerksam gemacht wurde, schlug er den Namen «Bangistan» vor und kam damit dem späteren Bangladesh sehr nahe.

Wenn aber schon von einer «muslimischen Nation» die Rede war, leuchtete eigentlich nicht recht ein, warum sie statt eines Nationalstaats zwei bilden sollte. Besonders problematisch war jedoch das Schicksal der muslimischen Diaspora. Sie gehörte doch offensichtlich auch zur «muslimischen Nation», konnte aber unmöglich Teil eines muslimischen Nationalstaats werden. Jinnah, der ja zuvor der Führer der muslimischen Diaspora gewesen war, wusste sehr wohl um dieses Dilemma und hütete sich, darüber zu sprechen. Es war ihm wohl recht, dass viele Muslime in der Diaspora das imaginäre «Pakistan» in Analogie zu den separaten Wählerschaften sahen. Wo Muslime waren, da war auch Pakistan – eine Auffassung, die auf fatale Weise der Anschauung von Hindu-Nationalisten im gegenwärtigen Indien entspricht, die in den in Indien verbliebenen Muslime eine fünfte Kolonne Pakistans sehen.

Die Einführung separater Wählerschaften richetete sich gegen eine politische Willensbildung auf territorialer Basis, nun aber sollte ein muslimischer Nationalstaat gebildet werden, der doch offenbar eine territoriale Basis haben musste. Das war eine Quadratur des Kreises, der sich Jinnah entzog, in dem er keine Grenzen erwähnte und auch jegliche Volksabstimmung ablehnte, weil diese ja territoriale Abgrenzungen vorausgesetzt hätte. Durch eine geschickte Politik, bei der er das politische Kräftespiel seiner Gegenspieler ausnutzte, gelang es Jinnah schließlich, die Teilung Indiens den scheidenden Briten abzutrotzen und dabei das Stillhalten des Nationalkongresses zu erreichen, obwohl Gandhi diese Teilung zunächst sehr treffend eine «Vivisektion Indiens» genannt hatte.

Jinnah hatte gehofft, Bengalen und Panjab ungeteilt für Pakistan beanspruchen zu können, doch das hätte eigentlich den Prinzipien widersprochen, die seiner Zwei-Nationen-Theorie zugrunde lagen. Also musste er darin einwilligen, dass ein britischer Richter damit beauftragt wurde, die Grenze anhand der Volkszählungsdaten zu ziehen. Pakistan erhielt nur die Distrikte der beiden Provinzen, in denen die Muslime in der Mehrheit waren. So wurde Gurdaspur im Panjab Indien zugesprochen. Ohne diesen Distrikt hätte Indien nicht an Jammu und Kaschmir gegrenzt. Diese Entscheidung des Richters erwies sich bald als sehr bedeutsam. Da sich sein Auftrag nur auf die britisch-indischen Provinzen bezog, ging ihn der Fürstenstaat Kaschmir nichts an. Hätte er auch auf Kaschmir seine Regeln anwenden dürfen, dann hätte es nie einen Kaschmirkonflikt gegeben.

Der Vizekönig Lord Louis Mountbatten, der diese Teilung durchführen ließ, hielt den Richterspruch unter Verschluss und entließ zunächst einmal Pakistan am 14. und Indien am 15. August 1947 feierlich in die Unabhängigkeit. Die beiden neuen Staaten wussten also zu diesem Zeitpunkt gar nicht, welche Grenzen sie hatten. Die Verkündung des Richterspruchs erwies sich dann als ähnlich verhängnisvoll, wie die Öffnung der Büchse der Pandora. Mountbatten, der gehofft hatte, die «Vivisektion Indiens» sozusagen unter Narkose ganz schmerzlos zu vollziehen, wurde vom Chaos der folgenden Tage überrascht. Die Sikhs, eine Religionsgemeinschaft im Panjab, die den Hindus näher steht als den Muslimen, wurde durch die Teilung besonders hart getroffen. Die Teilungslinie verlief quer durch das Siedlungsgebiet der Sikhs. Sie flohen nach Indien und fielen dabei über die Muslime her. Muslime, deren Heimat in Indien verblieben war, flohen in großer Zahl nach Pakistan – so auch die Familie des Generals Musharraf, der in Delhi geboren und aufgewachsen war.

Für Pakistan wäre die Lage noch bedrohlicher geworden, wenn die Northwest Frontier Province, die Heimat der kriegerischen Pathanen, für Indien optiert hätte, statt sich Pakistan anzuschließen. Diese Option hätte nahegelegen, denn dort hatte der Nationalkongress die Provinzregierung gebildet. Im Freiheitskampf hatte die Bewegung der von Khan Abdul Gaffar Khan geführten «Rothemden» diese Provinz beherrscht. Abdul Gaffar Khan war ein Gefolgsmann Gandhis und hatte seine «Rothemden» als gewaltfreie Widerstandskämpfer organisiert, eine erstaunliche Leistung in einer Gegend, in der traditionell jeder Mann bewaffnet ist. Der «Grenz-Gandhi», wie man Abdul Gaffar Khan nannte, war gegen die Teilung Indiens und hatte nichts für Pakistan übrig. Er verbrachte später viele Jahre im Exil in Afghanistan. Unter seinem Einfluss hätte diese Provinz sicher für Indien optiert. Aber Gandhi sah ein, dass, wenn der Nationalkongress schon der Teilung Indiens zustimmte, es widersinnig gewesen wäre, diese vom Nationalkongress regierte Provinz, die zwischen Pakistan und Afghanistan liegt, zum Anschluss an Indien zu bewegen. Nun wurde aber in dieser Provinz als einziger Provinz Britisch-Indiens eine Volksabstimmung gehalten. Da gab Gandhi Abdul Gaffar Khan den Rat, seine Anhänger zum Boykott der Volksabstimmung aufzurufen. So geschah es, und das Schicksal der Provinz wurde bei ganz geringer Stimmabgabe entschieden. Jinnah konnte aufatmen. Mit den Pathanen im Nacken hätte er Pakistan kaum konsolidieren können. Doch er wollte sich mit dem Erreichten nicht zufrieden geben und streckte nun auch die Hand nach Kaschmir aus, das sich jedoch als Fürstenstaat seinem Zugriff entzog.

2. Die Entstehung des Kaschmirkonflikts

Die indischen Fürstenstaaten unter der Oberhoheit der britischen Krone

Der «Machttransfer» der scheidenden Briten an die Nachfolgestaaten Indien und Pakistan betraf ausschließlich Britisch-Indien. Die indischen Fürstenstaaten blieben dabei ausgespart. Rein verfassungsrechtlich wären sie alle einzeln und für sich unabhängig geworden, nachdem Großbritannien erklärt hatte, dass mit der Gewährung der Unabhängigkeit an die Nachfolgestaaten Britisch-Indiens auch die Oberhoheit der britischen Krone über die Fürstenstaaten hinfällig geworden sei. Der verfassungsrechtliche Unterschied zwischen Britisch-Indien und den Fürstenstaaten war von den Briten stets betont worden. Der Vizekönig war nur in Britisch-Indien Generalgouverneur, ein Amt das bereits 1784 geschaffen worden war. In seiner Beziehung zu den Fürsten war der Vizekönig Vertreter der britischen Krone (*Crown Representative*) und das eigentlich erst, seit die Krone 1858 die Herrschaft über Indien übernommen hatte und der Generalgouverneur den Titel Vizekönig erhalten hatte.

Die indischen Fürsten hatten je eigene Verträge mit der Krone, die darauf zurückzuführen waren, dass sie irgendwann die Waffen gestreckt und sich unterworfen hatten, wofür ihnen eine weitgehende Autonomie der inneren Verwaltung zugesichert wurde. Die Gebiete solcher «indirekten Herrschaft» der Briten waren meist die, in denen nicht viel zu holen war und deren Verteidigungs- und Verwaltungskosten höher gewesen wären als der wirtschaftliche Nutzen, den sie den Kolonialherren erbracht hätten. Durch geschickte Verteilung zeremonieller Privilegien wussten die Briten eine Solidarität der Fürsten zu verhindern. Die großen Fürsten von Jammu und Kaschmir, von Hyderabad, Mysore und Jaipur fühlten sich haushoch erhaben über die «Mittelklasse» ihrer kleineren

Kashmir
Panjab
Rajputana
Sindh
Ajmer
Oudh
Manipur
Bombay
Hyderabad
Mysore
Madras
Ceylon
Die Britische Durchdringung Indiens 1750 - 1860
vor 1770
1770 - 1800
1801 - 1830
1831 - 1860
Fürstenstaaten
0
250
500
1.000
Kilometer

Kollegen, und diese «Mittelklasse» wiederum sah herab auf die Hunderte von Fürsten, die über Zwergstaaten herrschten.

Als die Briten im Rahmen der Verfassungsreform von 1935 einen Bundesstaat schaffen wollten, in den die Fürsten als konservatives Gegengewicht zu den indischen Nationalisten einbezogen werden sollten, beteiligten sich nur wenige Fürsten (oder genauer gesagt ihre weitsichtigen Minister) an den Verhandlungen darüber. Die Weitsichtigen sahen in der Beteiligung am Bundesstaat die Möglichkeit, einer sonst in Zukunft sicher anstehenden radikalen Mediatisierung, d.h. der Eingliederung in die künftige indische Republik, zu entgehen. Die großen Fürsten hielten eine Mediatisierung für keine dringende Gefahr. Es waren eher die mittleren Fürsten, die in der «Fürstenkammer» (*Chamber of Princes*) organisiert waren, die die Zukunft realistischer beurteilten. Doch die sogenannte «politische Abteilung» der Zentralregierung, die für die Beziehungen zu den Fürstenstaaten zuständig war, tat alles, um die Fürsten vor dem Anschluss an den Bundesstaat zu warnen. Das beste Argument war dabei der Hinweis auf die Finanzen. Die Mitgliedschaft in einem Bundesstaat würde etwas kosten, und um die Beiträge der Fürsten richtig einzuschätzen, wäre eine Offenlegung ihrer Finanzen erforderlich geworden. In den meisten Fürstenstaaten waren aber Privatschatulle und Staatsfinanzen noch nicht streng getrennt.

Ein weiteres Problem war die fehlende Demokratisierung der Fürstenstaaten, an denen die bisherigen britisch-indischen Verfassungsreformen spurlos vorübergegangen waren. Die neue Bundesverfassung sollte den Fürsten entgegenkommen, indem die betreffenden «Volksvertreter» nicht gewählt, sondern von den Fürsten nominiert werden sollten. Doch wie lange diese Diskrepanz zwischen Britisch-Indien und den Fürstenstaaten erhalten werden konnte, war fraglich. Im Nationalkongress gab es Führer wie Nehru und Bose, die sich für die Demokratisierung der Fürstenstaaten einsetzten. Gandhi, der selbst aus einem Fürstenstaat stammte, dachte da anders. Er wollte die Neutralität gegenüber den Fürsten wahren, um nicht einen Zweifrontenkrieg gegen sie und die Kolonialherren führen zu müssen.

Der Bundesstaat konnte nur zustande kommen, wenn sich die Hälfte der Fürsten zum Anschluss bereit erklärten. Dazu kam es nicht. Stattdessen fiel die dem Bundesstaat zugedachte Machtposition dem Vizekönig zu, der nun autokratischer regieren konnte als je zuvor. Im Zweiten Weltkrieg wurde seine Machvollkommenheit aufgrund des Kriegsnotstandsgesetzes noch größer. Die Fürsten konnten unter diesem Regime der Zukunft getrost entgegensehen. Manche von ihnen erwarben sich im Krieg als Offiziere der britisch-indischen Armee zusätzliche Meriten. Der Maharaja von Jammu und Kaschmir war sogar Minister im *Imperial War Cabinet* geworden. Doch nach dem Krieg kam für die Fürsten ein böses Erwachen. Die Mediatisierung wurde ihr unausweichliches Schicksal, denn kaum einer der Fürstenstaaten konnte hoffen, nach dem Abzug der britischen Schutzmacht die Eigenständigkeit zu bewahren. Der Innenminister des unabhängigen Indiens, Vallabhbhai Patel, der für die Mediatisierung der Fürstenstaaten zuständig war, konnte mit Genugtuung feststellen, dass die Fürsten oder ihre Minister Schlange vor seinem Ministerium standen, um die Anschlussdokumente zu unterzeichnen, die ihnen zumindest noch gewisse Rechte und Apanagen sicherten.

Der Anschluss des Staates Jammu und Kaschmir an Indien

Die Integration der Fürstenstaaten war nahezu auschließlich ein Problem Indiens, weil es auf dem Gebiet Pakistans fast gar keine Fürstenstaaten gab. Dafür blickte Pakistan über seine Grenzen hinaus und dachte an die von Muslimen beherrschten indischen Fürstenstaaten. Der Nizam von Hyderabad, der Jinnah nicht mochte, war kein geeigneter Kandidat für einen Anschluss an Pakistan, wohl aber der Jamsaheb von Junagadh, dessen kleiner Staat an der Küste Gujarats nicht weit von Pakistan entfernt lag. Der indische Innenminister Patel machte in beiden Fällen kurzen Prozess. Die indische Armee zwang Junagadh und Hyderabad zum Anschluss. Doch in Jammu und Kaschmir, wo sich die Frage des Anschlusses schon früher stellte, war die Lage sehr viel komplizierter. Hier herrschte ein Hindufürst über Muslimuntertanen. Sein Staat grenzte nicht nur an Indien und Pakistan, sondern auch an Afghanistan und China. Der Fürst konnte daher weit eher als jeder andere an Unabhängigkeit denken. Die von dem Volkstribun Sheikh Abdullah geführte *National Conference* Kaschmirs, die sonst Widerstand gegen den Fürsten geleistet hatte, neigte auch eher zur Unabhängigkeit als zu einem Anschluss an Pakistan, den sie eigentlich als eine mehrheitlich aus Muslimen bestehende Organisation hätte befürworten sollen.

Der Fürst erbat sich Bedenkzeit, die ihm auch gewährt wurde. Doch in Pakistan beschloss man, ihm die Bedenkzeit abzukürzen, indem man Freischärler entsandte, die bald von regulären pakistanischen Truppen unterstützt wurden. Die Praxis, Freischärler vorzuschicken und den Einsatz regulärer Truppen zunächst einmal zu leugnen, ist seither von Pakistan in den Auseinandersetzungen um Kaschmir immer wieder verfolgt worden. Zur Zeit dieses ersten Vorstoßes hatte Pakistan freilich auch noch ein besonderes Problem. Seine Armee stand noch unter dem Kommando des britischen Generals Gracey, und als Generalgouverneur Jinnah diesen anwies, die pakistanische Armee in Kaschmir einzusetzen, erwiderte ihm Gracey, dass dann zunächst alle britischen Offiziere – und damit auch er selbst – aus der Armee ausscheiden müssten, da sie sich unmöglich an einem Krieg zwischen zwei Staaten des britischen Commonwealth beteiligen könnten. Das Problem wurde gelöst, indem man sich darauf einigte, dass sich pakistanische Offiziere und Truppeneinheiten «beurlauben» ließen, um an den Unternehmungen in Kaschmir teilzunehmen. General Gracey musste beide Augen zudrücken, um nicht zu bemerken, dass die «Urlauber» auch Waffen und Kriegsgerät mitnahmen.

Als die pakistanischen Invasoren seiner Hauptstadt Srinagar immer näher rückten, bat der Maharaja von Jammu und Kaschmir Indien um Militärhilfe. Lord Mountbatten, der auf Nehrus Bitte als erster Generalgouverneur im unabhängigen Indien verblieben war, bestand darauf, dass der Fürst erst den Anschluss an Indien erklären müsse, weil sonst indische Truppen überhaupt keine rechtliche Grundlage für einen Einsatz in Kaschmir hätten. Nehru schloss sich dem an, fügte aber auf Mountbattens Empfehlung hinzu, dass ja eine spätere Volksabstimmung über das weitere Schicksal Kaschmirs entscheiden könne. Diese Ankündigung sollte Nehru später bereuen. Zunächst aber konnten die indischen Truppen in Kaschmir einen raschen Sieg verzeichnen. Es kam Indien dabei eine militärtechnische Meisterleistung zugute: Panzer wurden in Einzelteile zerlegt, die mit Flugzeugen in die Gegend von Srinagar transportiert und dort blitzschnell wieder zusammengeschraubt wurden. Die pakistanischen Invasoren trauten ihren Augen nicht, als ihnen plötzlich indische Panzer gegenüberstanden.

Nehru wollte aber nicht allein auf den Einsatz der indischen Truppen vertrauen, sondern rief die Vereinten Nationen an, damit der Sicherheitsrat Pakistan dazu auffordern möge, sich aus Kaschmir zurückzuziehen. Gandhi hielt das für einen Fehler. Er hatte schon dem Völkerbund misstraut und meinte, dass auch bei den Vereinten Nationen die Großmächte das Sagen hätten, auf deren Wohlwollen Indien sich nicht verlassen könne. Nehru aber sah in den Vereinten Nationen die große Hoffnung für die Erhaltung des Weltfriedens und vertraute ihnen. Die Erfahrung, die er dann in Kaschmir machen musste, hat seine späteren Beziehungen zu den Vereinten Nationen sehr belastet.

Gandhi war in dieser Hinsicht realistischer als Nehru. Das zeigte auch eine Voraussage, die er nur kurze Zeit zuvor gemacht hatte. Noch nachdem er seine Einwilligung zur Teilung Indiens gegeben hatte, war ihm nicht klar, dass diese Teilung auch die Teilung der britisch-indischen Armee bedeutete. Als man ihm erklärte, dass dies unvermeidlich sei, sagte er, dass die Folge der Teilung der Armee sein werde, dass die beiden Teile gegeneinander kämpfen würden. Er brauchte nicht lange zu warten, bis diese Voraussage eintraf. Als sich dann Indien und Pakistan bereits im Krieg miteinander befanden, setzte sich Gandhi dennoch für eine gerechte Teilung der Staatskasse Britisch-Indiens ein. Ein junger Hindu-Nationalist, der diesen Einsatz Gandhis für Hochverrat hielt, erschoss ihn. So wurde Gandhi das erste prominente Opfer des Kaschmirkonflikts.

Kaschmir: Ein ethnisches Mosaik

Der Gegenstand dieses Konflikts ist ein sehr komplexes Staatsgebilde, dessen Einzelteile auf eine lange Geschichte zurückblicken, das in seiner jetzigen Form aber verhältnismäßig jung ist. Der Maharaja Gulab Singh, ein Dografürst aus Jammu, kaufte 1846 einen großen Teil des gegenwärtigen Staates Jammu und Kaschmir für rund eine Million Pfund von den Briten. Zuvor hatte dieses

Gebiet unter der Herrschaft des Sikh-Herrschers Maharaja Ranjit Singh gestanden, der Kaschmir 1819 erobert hatte. Ranjit Singh war 1839 gestorben, und seine schwachen Nachfolger waren von den Briten in den Sikh-Kriegen besiegt worden. Mit den unzugänglichen Berggebieten, die sozusagen zur Konkursmasse des besiegten Sikh-Staates gehörten, wussten die Briten nichts anzufangen und waren froh, einen Käufer dafür zu finden.

Gulab Singh baute sein neuerworbenes Territorium weiter aus und hinterließ seinem Sohn Ranbir Singh 1857 ein beachtliches Erbe. In der langen Regierungszeit des Maharajas Pratap Singh (1885–1925) wurde Jammu und Kaschmir zu einem der indischen Fürstenstaaten, der sich ähnlich wie das südindische Mysore durch Bemühungen um Modernisierung und wirtschaftlichen Fortschritt auszeichnete. Auch Bildungsanstalten entstanden, und damit regte sich eine demokratische Bewegung, geführt von dem jungen Sheikh Abdullah, der bereits in den 1930er Jahren zum Volkstribun Kaschmirs wurde. Sein Gegenspieler war der Maharaja Hari Singh, der 1925 auf den Thron gekommen war und die Politik seines Vorgängers fortführte, zugleich aber auf die Wahrung seiner Privilegien bedacht war. Zu diesen gehörte auch der umfangreiche fürstliche Landbesitz, den Sheikh Abdullah unter die armen Bauern aufteilen wollte. Die Forderungen nach Demokratisierung und Bodenreform hingen so miteinander zusammen. Es lag auf der Hand, dass der Maharaja sich für beides nicht begeistern konnte.

Diese Entwicklungen betrafen in erster Linie das Tal von Kaschmir, eine idyllische Landschaft inmitten der Bergwelt des Himalaya, die die Heimat des größten Teils der Bevölkerung des Staates ist, aber nur etwa ein Zehntel seiner Fläche ausmacht. Das Tal mit seinen zwei großen Seen, dem Dalsee und dem Wularsee, ist eine grüne Ebene. Das Klima ist gemäßigt, und während man sonst in Indien keine Herbstfarben sehen kann, überraschen sie einen in Kaschmir mit ihrer großen Leuchtkraft. Bereits die Großmoguln legten hier bezaubernde Gärten an, die man heute noch bewundern kann.

Die Bevölkerung des Tales, die Kaschmiris, haben ihre eigene Sprache und Literatur. Die Mehrzahl der Kaschmiris sind Muslime. Sie sind stolz auf ihre besondere Tradition, die sie als

Abb. 2: Srinagar, Hausboote auf dem Dalsee. Foto: SV-Bilderdienst/Gebhard Krewitt

Kashmiriyat bezeichnen. Sie lebten lange in friedlicher Eintracht mit den hinduistischen Brahmanen, den Pandits, die hier die einzige Hindukaste sind. Auch Jawaharlal Nehrus Familie stammte aus Kaschmir, hatte sich aber schon vor einiger Zeit in der indischen Ebene niedergelassen. Für Nehru war jedoch die Verbundenheit mit Kaschmir ein wichtiges Element seines Lebens.

Jenseits des idyllischen Tals beginnt die karge Bergwelt, die zum großen Teil unbewohnt ist. Nur in den Flusstälern leben verstreute Gemeinschaften, die jeweils eine ganz eigene ethnische Identität haben, so zum Beispiel im oberen Industal die buddhistischen Ladakhis, die den Tibetern näher stehen als den Hindus und Muslime. Im Norden, der heute von Pakistan besetzt ist, leben wiederum Muslime, die aber zum größten Teil Shiiten und nicht Sunniten sind, wie die Bevölkerung des Tals von Kaschmir.

Der Winter unterbricht die Verkehrsverbindungen zwischen den verschiedenen Teilen von Jammu und Kaschmir. So ist auch der wichtige Zojila-Pass, über den die Straße von Srinagar nach Kargil und Leh geht, meist bis Ende Mai unzugänglich. Dieser

Pass liegt auf einer Höhe von 3400 Meter, während das Tal von Kaschmir 1800 Meter hoch liegt.

Im hohen Norden beherrschen gewaltige Gletscher die Landschaft. Im Nordosten schließlich reicht der Staat Jammu und Kaschmir weit in die unbewohnte Bergwelt zwischen Tibet und Sinkiang hinein. Diese Gegend (Aksai-Chin) hat China bereits in den 1950er Jahren annektiert. Auch beim indisch-chinesischen Grenzkrieg von 1962 ging es hauptsächlich um diese Region. Der chinesische Angriff im Osten, wo im Oktober 1962 eine ganze chinesische Division über den Himalaya bis in die Ebene von Assam vorstieß, war nur eine Finte, die davon ablenken sollte, dass China es eigentlich auf den Karakorum-Pass abgesehen hatte, dessen Bedeutung später erläutert werden soll.

Wenn vom Kaschmirkonflikt die Rede ist, meint man eigentlich immer nur das Tal von Kaschmir und seine muslimische Bevölkerung und nicht die anderen Gebiete, die zuvor erwähnt wurden, oder gar das mehrheitlich von Hindus bewohnte Jammu, das im Süden an Kaschmir angrenzt. Freilich haben sich die militärischen Auseinandersetzungen zwischen Indien und Pakistan immer mehr ausgeweitet und etwa Kargil in Ladakh oder Siachen südwestlich des Karakorum-Passes und schließlich auch Jammu einbezogen. Doch ehe wir uns diesen Ausweitungen des Konflikts zuwenden, wollen wir zum ersten Krieg um Kaschmir zurückkehren.

Der erste Krieg um Kaschmir

Die indischen Kampfhandlungen in Kaschmir begannen am 27. Oktober 1947 unmittelbar nach dem Anschluss. Sheikh Abdullah hatte bis dahin die Stadt Srinagar mit seinen Leuten verteidigt. Er wurde vom Maharaja zum neuen Premierminister von Jammu und Kaschmir ernannt. Die unmittelbare Aufgabe der indischen Armee war es, die Invasoren aus dem Tal von Kaschmir zurückzudrängen. Die pakistanischen Invasoren zogen sich in das Gebiet um Muzaffarpur zurück, wo bereits auf ihrem Vormarsch der unabhängige Staat *Azad Kashmir* (Freies Kaschmir) ausgerufen worden war. Dieser Staat sollte natürlich ganz Jammu und Kaschmir umfassen, aber er blieb nun in seiner «Schwundstufe» auf den nur etwa 50 Kilometer breiten Streifen zwischen der pakistanischen Grenze und den Höhenzügen westlich des Tals von Kaschmir beschränkt. Auch die Länge dieses Streifen blieb mit rund 200 Kilometer bescheiden.

Der Norden des Staates Jammu und Kaschmir, die sogenannten «Northern Territories» gehörten nicht zu *Azad Kashmir*, sie waren durch einen Handstreich der Gilgit Scouts, einer lokalen Schutztruppe unter dem Kommando eines britischen Offiziers, Major W. Brown, von Pakistan direkt vereinnahmt worden. Die sogenannte *Gilgit Agency* war wegen ihrer strategischen Bedeutung als Grenzland unter britischer Kontrolle verblieben. Sie wurde erst im Juli 1947 wieder dem Maharaja von Jammu und Kaschmir unterstellt, der einen Gouverneur nach Gilgit entsandte, der von den Gilgit Scouts bald nach seiner Ankunft inhaftiert wurde. Der junge Major Brown, damals gerade 26 Jahre alt, führte diesen «Staatsstreich» – wie er ihn selbst nannte – wohl mehr aus Verlegenheit als mit planvoller Absicht aus. Er stand sozusagen auf verlorenem Posten weit entfernt von seinen Vorgesetzten. Seine lokalen muslimischen Soldaten hätten den ohnmächtigen Abgesandten des Maharajas wohl am liebsten umgebracht. Um Herr der Lage zu bleiben, trat Major Brown die Flucht nach vorn an und erklärte Anfang November eigenmächtig den Anschluss der Gilgit Agency an Pakistan. In Pakistan freute man sich darüber, in London fragte man sich, was denn ein junger britischer Offizier dort überhaupt noch zu suchen habe. Brown wurde aber erst im Januar 1948 von einem pakistanischen Offizier abgelöst. Unter dessen Kommando stießen dann die Gilgit Scouts gemeinsam mit regulären pakistanischen Truppen das Industal aufwärts über Skardu nach Ladakh vor. Sie nahmen Kargil ein und standen dicht vor Leh. Indische Flugzeuge brachten Truppen nach Leh und konnten dessen Einnahme verhindern. Im übrigen aber war den indischen Truppen der Zugang zu den Bergregionen jenseits des Tales von Kaschmir durch den eisigen Winter versperrt. Sie mussten bis zum Mai 1948 warten, um den Zojila-Pass zu überschreiten, der auch in den jüngsten Kampfhandlungen von 1999 wieder eine entscheidende Rolle gespielt hat.

Während die indischen Truppen in Zusammenarbeit mit Sheikh Abdullah das Tal von Kaschmir befreiten, reiste Lord Mountbatten am 1. November 1947 nach Lahore, um dort mit dem pakistanischen Generalgouverneur Jinnah zu verhandeln. Diese Reise kostete ihn große Überwindung, denn er hasste Jinnah und hatte deshalb wohl auch in den Tagen, als der Maharaja sich zum Anschluss an Indien entschloss, keinen Kontakt mit Jinnah aufgenommen. Jinnah war bei den Verhandlungen über die Teilung Indiens Mountbatten immer wieder auf die Nerven gegangen und hatte zuletzt noch Mountbattens Plan durchkreuzt, für eine Übergangszeit als Generalgouverneur beider Nachfolgestaaten im Amt zu verbleiben. Dieser Plan war im Hinblick auf Aufgaben wie die Teilung der Armee und der Staatskasse und anderer anstehender Probleme sinnvoll. Der Kaschmirkonflikt wäre vermutlich gar nicht entstanden, wenn Mountbatten noch Generalgouverneur von Indien und Pakistan gewesen wäre. Aber Jinnah wollte unbedingt Generalgouverneur von Pakistan werden, weil er nur so den Staat, den er geschaffen hatte, konsolidieren konnte. Auch war er sich wohl seines nahen Todes bewußt, von dem Mountbatten noch nichts ahnte. Die Tatsache, dass Jinnah den Posten des Generalgouverneurs und nicht – wie Nehru in Indien – den des Premierministers wählte, blieb für die zukünftige Entwicklung Pakistans ausschlaggebend, denn Jinnah beherrschte seinen Staat mit Hilfe der Armee und der Bürokratie – und so wird Pakistan noch heute beherrscht. Der begeisterte Parlamentarier Nehru war dagegen im Amt des Premierministers in seinem Element und hatte Mountbatten gebeten, als Generalgouverneur in Indien zu bleiben.

Das Treffen der beiden Generalgouverneure in Lahore verlief ergebnislos. Es muss für Mountbatten besonders qualvoll gewesen sein, denn er erlebte nun Jinnah als «Kollegen» noch renitenter, als er ihn schon aus früheren Gesprächen in unangenehmer Erinnerung hatte. Jinnah gab vor, mit der Entwicklung in Kaschmir gar nichts zu schaffen zu haben. Daher könne er dem Treiben dort auch keinen Einhalt gebieten, wie Mountbatten von ihm verlangte. Nachdem Mountbatten unverrichteter Dinge zurückgekehrt war, schrieb Nehru Ende November an seinen Premierminister-Kollegen Clement Attlee und erwähnte in diesem Brief die Idee, die Vereinten Nationen anzurufen. Der indische Antrag gemäß Artikel 35 der Charta der Vereinten Nationen wurde am

1. Januar 1948 vorgelegt. Im Februar richteten die Vereinten Nationen daraufhin die *United Nations Commission for India and Pakistan* (UNCIP) ein, die noch heute besteht, aber im Laufe ihrer langen Geschichte kaum etwas ausrichten konnte. Die UNCIP strebte von vornherein eine politische Lösung des Konflikts an und sah daher keinen Sinn darin, Pakistan offiziell als Aggressor zu brandmarken, doch gerade das hatte sich Indien von der Anrufung der Vereinten Nationen erhofft.

Die politische Lösung, die der UNCIP vorschwebte, war die Durchführung der Volksabstimmung, die ja Mountbatten und Nehru selbst vorgeschlagen hatten, als der Maharaja den Anschluss an Indien vollzog. Indien bestand darauf, dass diese Abstimmung im gesamten Staat Jammu und Kaschmir stattfinden solle, außerdem machte es den Abzug der pakistanischen Truppen aus dem gesamten Staat zur Bedingung. Pakistan verlangte, dass auch die indischen Truppen abgezogen und Sheikh Abdullah abgesetzt werden müsse, damit die Abstimmung unter einer neutralen Instanz, zum Beispiel der UNCIP, abgehalten werden könne. Es war kein Wunder, dass man sich bei so konträren Vorstellungen nicht einigen konnte. Besonderen Unmut erregte dann der erst 1950 im Auftrag der Vereinten Nationen erstellte Dixon-Report, der vorsah, im Hinblick auf die ethnischen Differenzen regionale Abstimmungen in den Teilen des Staates Jammu und Kaschmir abhalten zu lassen. Das wäre auf eine Teilung des Staates hinausgelaufen, die zu diesem Zeitpunkt weder Indien noch Pakistan akzeptieren wollten.

Doch während sich die UNCIP mit allerlei letztlich nutzlosen Plänen herumschlug, ging der Krieg in den Jahren 1948 und 1949 weiter. Als im Sommer die Bergpässe wieder passierbar wurden, drang die indische Armee nach Norden vor, eroberte im Mai 1948 in blutigen Kämpfen Kargil und hielt damit den Zugang nach Ladakh und der südöstlich von Kargil gelegenen Hauptstadt Ladakhs, der Stadt Leh im Industal, in der Hand. Von Kargil aus konnte sie noch rund 80 Kilometer nach Osten vorstoßen und erreichte dort den Punkt, der später zum Endpunkt der Waffenstillstandslinie werden sollte. Die indische Sommeroffensive kam mit dem frühen Einbruch des Winters in dieser Bergregion zum Stillstand. Während des Winters 1948/49 konnte man allenfalls die

Stellungen halten. Sheikh Abdullah konsolidierte inzwischen seine Macht im Tal von Kaschmir, und im Sommer 1949 einigte man sich schließlich auf einen Waffenstillstand, der am 27. Juli 1949 in Karachi besiegelt wurde. Das sogenannte *Karachi Agreement* war gewissermaßen der Friedensvertrag nach einem unerklärten Krieg. Hätte man sich schon damals dazu entschließen können, die in diesem Abkommen festgehaltene Waffenstillstandslinie als internationale Grenze zu akzeptieren, dann wäre es zu keinem weiteren Konflikt gekommen. Aber sowohl Indien als auch Pakistan beanspruchten weiterhin den gesamten Staat Jammu und Kaschmir, und die UNCIP setzte ihre fruchtlosen Bemühungen fort.

Die Waffenstillstandslinie als Staatsgrenze

Das einzig greifbare Ergebnis des Karachi-Abkommens war in der Tat die Festlegung der Waffenstillstandslinie, die für geraume Zeit praktisch zur Staatsgrenze wurde. Jammu, das Tal von Kaschmir sowie Ladakh standen nun unter indischer Kontrolle, das kleine *Azad Kashmir* und die riesigen, aber nur dünn besiedelten Northern Territories waren Pakistan anheimgefallen. Das letztere Gebiet wurde – wie zuvor unter den Briten – von Pakistan als eine Grenzkolonie betrieben, in der nur die Bürokratie und das Militär das Sagen hatten – eine Volksvertretung gab es dort nicht.

Die Waffenstillstandslinie hatte einen Schönheitsfehler, der später traurige Folgen haben sollte. Der Natur der Sache nach bezog sie sich nur auf die Gebiete, die umkämpft worden waren, aber nicht auf den hohen Norden, in dem nicht der Gegner, sondern die Eiseskälte der Gletscher die Waffen zum Schweigen gebracht hatte. So wurde im Abkommen nur der Endpunkt der Waffenstillstandslinie (NJ 9842) südlich von Siachen erwähnt. Dem wurde ein vager Hinweis hinzugefügt, die Linie verlaufe von dort aus «nach Norden auf die Gletscher zu». Mehr hielt man damals nicht für nötig, vermutlich konnte sich auch niemand vorstellen, dass man auf den Gletschern in über 5000 Meter Höhe überhaupt kämpfen könne. Ferner wusste man noch nichts vom Interesse Chinas am Karakorum-Pass, über den später eine Straße von Tibet nach Sinkiang, aber auch eine von China nach Pakistan verlaufen sollte.

Im Lichte dieser späteren Entwicklungen wurde der vage Hinweis im Abkommen von Karachi zum Gegenstand sich widersprechender Auslegungen. Pakistan deutete den Hinweis so, dass die Linie in nordöstlicher Richtung auf den Karakorum-Pass zulief. So sieht man sie heute auch in vielen Atlanten. Indien bezeichnet das als «kartographische Aggression» und pocht auf die wörtliche Auslegung des betreffenden Satzes. Das umstrittene Territorium ist nahezu unbewohnt und zumeist auch unzugänglich, aber es geht darum, wer den südlichen Zugang zum Karakorum-Pass kontrolliert – Pakistan oder Indien. Auf diesen Konfliktpunkt werden wir zurückkommen, wenn es um die Kämpfe am Siachen-Gletscher nach 1984 geht. Diese Kämpfe aber brachen nur deshalb aus, weil das Karachi-Abkommen von 1949 in dieser Hinsicht unzureichend war.

In den Jahren nach 1949 blieb es lange Zeit still um die Waffenstillstandsgrenze. Eine Volksabstimmung wurde nicht abgehalten. Nehru war nach und nach klar geworden, wie voreilig sein Versprechen gewesen war. Schließlich waren nach der Teilung ein Drittel der indischen Muslime in Indien verblieben, und auf sie konnte eine Volksabstimmung in Kaschmir unter Umständen einen sehr negativen Eindruck machen, zumal es bald nicht mehr sicher war, ob die Abstimmung zugunsten Indiens ausgehen würde. Solange Sheikh Abdullah noch in Jammu und Kaschmir an der Macht und seine seit 1938 bestehende Freundschaft mit Nehru ungebrochen blieb, konnte man sich Hoffnungen auf ein positives Resultat machen. Aber Sheikh Abdullah zeigte eine alarmierende Vorliebe für einen unabhängigen Staat Jammu und Kaschmir. Nehru ließ ihn daher 1953 verhaften und ins Gefängnis werfen. Danach drängte Indien mehr und mehr auf andere Mittel der verfassungsmäßigen Integration von Jammu und Kaschmir in die Republik Indien und schien damit auch Erfolg zu haben. Zumindest hielt Pakistan lange Zeit still, und 1960 kam es sogar zu einem erstaunlichen Einverständnis zwischen Nehru und dem pakistanischen Militärdiktator Ayub Khan. Sie unterschrieben einen Vertrag, der die Aufteilung des Wassers des Indus und seiner Nebenflüsse regelte, und trafen sich danach in dem pakistanischen Luftkurort Murree. Damals konnte niemand ahnen, dass Ayub Khan nur fünf Jahre später versuchen würde, das Kaschmirproblem gewaltsam zu lösen.

Nehru stand 1960 auf der Höhe seiner Macht und schien unangreifbar zu sein. Dieser Eindruck änderte sich dramatisch durch die indische Niederlage im Grenzkrieg mit China von 1962. Pakistan wandte sich darauf dem siegreichen China zu und schloss 1963 ein Bündnis und einen Grenzvertrag mit China ab, bei dem es dem neuen Partner ein Gebiet von rund 50 Kilometer Breite und 180 Kilometer Länge an der Nordseite des Karakorum-Gebirges überließ. Indien protestierte natürlich gegen diese Gebietsabtretung, weil sie einen Teil des von Indien insgesamt beanspruchten Staats Jammu und Kaschmir betraf, konnte aber nichts dagegen unternehmen. Im nächsten Jahr starb Nehru; sein Nachfolger Lal Bahadur Shastri galt allgemein als schwach. Daher hoffte Ayub Khan, dass nun die Gelegenheit gekommen sei, den Kaschmirkonflikt durch einen Gewaltstreich zu lösen.

3. Die Kriege von 1965 und 1971

Ayub Khans verlorener Krieg und die Konferenz von Taschkent

Zulfiqar Ali Bhutto, Ayub Khans Außenminister, war die treibende Kraft bei dem – wie sich später herausstellen sollte für Pakistan sehr fatalen – Entschluss, einen Krieg gegen Indien vom Zaun zu brechen. Für Bhutto war dieser Entschluss durchaus rational begründet. Pakistan war seit 1954 ein Paktpartner des Westens. Es hatte sich sowohl dem CENTO (= Central Treaty Organisation)- als auch dem SEATO (= South East Asian Treaty Organisation)- Paktsystem angeschlossen und bildete sozusagen die strategische Brücke zwischen beiden. Nach dem Verständnis des Westens richteten sich diese Paktsysteme im Kalten Krieg gegen die Bedrohung durch den internationalen Kommunismus. Das interessierte Pakistan wenig. Es paktierte, um sich gegen das übermächtige Indien zu schützen – und zwar nicht nur wegen Kaschmir, sondern auch wegen der Gefahr einer Sezession des bengalischen Ost-Pakistan, die man zur Not nur militärisch unterdrücken konnte. Nun war 1963 auch noch das Bündnis mit China hinzugekommen.

Die erfolgreiche Bündnispolitik Pakistans trug zu seiner Zuversicht bei, einen Krieg mit Indien gewinnen zu können. Es kam aber noch eine sehr reale Befürchtung hinzu, die Pakistan zur Eile antrieb. Indien hatte die Niederlage gegen China auch deshalb erlitten, weil Nehru im Vertrauen auf seine Friedenspolitik schlecht gerüstet war. Das änderte sich nach 1962 schlagartig. Indien rüstete massiv auf, und man konnte sich in Pakistan ausrechnen, dass mit jedem Tag, der verging, die Chance, Indien nach chinesischem Vorbild eine rasche Niederlage zu bereiten, geringer wurde. Nun kam noch hinzu, dass der neue indische Premierminister in außenpolitischen Dingen völlig unerfahren war und dem mit allen Wassern gewaschenen Bhutto als kein ernstzunehmender Gegner erschien. Ayub Khan wiederum vertraute auf die mächtigen Patton-Panzer, die Pakistan von den Amerikanern bekommen hatte und denen die Inder nichts Gleichwertiges entgegenzusetzen hatten.

Ein kleiner Testkrieg im Sommer 1965 sollte dazu dienen, die Reaktionen des vermeintlich so schwachen Shastri auszuloten. Ein Grenzdisput im Rann von Kutch (im Nordwesten Gujarats) wurde zum Vorwand genommen, um ihn herauszufordern. Dieses Gebiet wird saisonal vom Meer überflutet – ist also eigentlich kein Territorium, um das es sich zu streiten lohnt. Für den Test, den die Pakistaner sich ausgedacht hatten, war es aber bestens geeignet. Ihre Panzer erschienen dort, und ehe Indien zum Gegenangriff übergehen konnte, kam die Flut. Shastri rief darauf den britischen Premierminister Harold Wilson um Vermittlung an. Das deutete Pakistan als Präzedenzfall für den Kaschmirkrieg, den es eigentlich im Sinn hatte. Mit einem raschen Panzerangriff würde man Indiens einzige Verbindungsstraße nach Kaschmir abschneiden. Shastri würde dann wieder den britischen Premierminister um Vermittlung anrufen, und ehe er sich versah, hätte man in Kaschmir vollendete Tatsachen geschaffen.

Am 1. September 1965 ließ Ayub Khan seine Panzer bei Akhnur in der Nähe des pakistanischen Sialkot die Straße nach Kaschmir angreifen. Doch Shastri reagierte diesmal ganz anders. Es kam zu einer großen Panzerschlacht bei Sialkot, die Indien gewann. Außerdem ließ Shastri die indischen Truppen in Richtung Lahore marschieren. Er zeigte damit, dass er sich den Kriegsschauplatz nicht vom Gegner diktieren ließ. Auch ein Ultimatum, das China Shastri stellte, worin es damit drohte, im Osten eine zweite Front zu eröffnen, ließ Shastri ungerührt verstreichen. China hatte nur ein Zeichen setzen wollen, um den pakistanischen Bundesgenossen nicht vollends zu enttäuschen. Es war aber keineswegs gesonnen, sich für Pakistan auf ein militärisches Abenteuer einzulassen.

Dieser Kaschmirkrieg war sehr viel kürzer als der vorige. Auch er blieb von beiden Seiten unerklärt. Pakistan hatte ihn als Überraschungsangriff geplant – und daher nicht den Krieg erklärt. Indien hütete sich, seinerseits den Krieg zu erklären, um rechtliche Konsequenzen zu vermeiden, die sich daraus ergeben hätten.

Ayub Khan, der bald einsah, dass er sein gewagtes Spiel verloren hatte, bat den amerikanischen Präsidenten Lyndon Johnson um Hilfe. Bald darauf forderte der Sicherheitsrat der Vereinten Nationen Indien und Pakistan zu einem Waffenstillstand auf, der dann am 26. September 1965 zustande kam. Indische Truppen standen zu diesem Zeitpunkt an mehreren Stellen auf pakistanischem Boden, und Ayub Khan musste alles tun, um sie zum Rückzug zu bewegen. Die diplomatischen Künste des Kriegstreibers Bhutto nutzten ihm nun wenig. Ayub Khan konnte daher froh darüber sein, dass Shastri ein Angebot des sowjetischen Premierministers Kossygin annahm, eine Friedenskonferenz in Taschkent abzuhalten. Er zeigte seine Freude aber wohlweislich nicht, begab sich scheinbar widerwillig nach Taschkent und nervte Kossygin und Shastri mehrfach mit Drohungen, die Konferenz vorzeitig zu verlassen. Er tat dies, um die Bedingungen, die Shastri für die Rückgabe des pakistanischen Territoriums stellte, gering zu halten. Schließlich gab sich Shastri mit einer pakistanischen Gewaltverzichtserklärung zufrieden, die natürlich nicht das Papier wert war, auf das sie geschrieben wurde. Als geschlagener Militärführer war es für Ayub Khan dennoch bitter, Gewaltverzicht geloben zu müssen. Der Gesichtsverlust, den er erlitten hatte, sollte sich bald bemerkbar machen.

Der sowjetische Vermittlungsversuch war nicht ganz selbstlos. Die Sowjetunion strebte die Rolle eines Schiedsrichters in Südasien an und hoffte, dadurch mehr weltpolitischen Einfluss zu gewinnen. Es kam zwar nicht dazu, dass Kossygin sozusagen als Garant den Vertrag von Taschkent mit unterschrieb, aber praktisch sah ihn zumindest Indien in dieser Rolle. Doch in Indien musste sich Kossygin nach einem anderen Partner umsehen. Shastri starb am Ende der Konferenz an einem Herzschlag, und Ayub Khan und Kossygin trugen ihn gemeinsam auf einer Bahre davon.

Die Geburt Bangladeshs

Bald nach seiner Rückkehr von der Konferenz lagen Ayub Khan die Autonomieforderungen Ost-Pakistans auf dem Tisch. Das deutete eine Entwicklung an, die den Krieg von 1965 kausal mit dem von 1971 verband. Die Politiker in Ost-Pakistan hatten bemerkt, dass West-Pakistan nicht in der Lage war, den weit entfernten Landesteil im Osten zu schützen. Hätte Shastri seinen Truppen nicht nur den Marsch auf Lahore, sondern auch den auf Dhaka befohlen, so wären sie dort kaum auf Widerstand gestoßen. Ayub Khan hatte das «Mandat des Himmels» verloren, wie man in China sagen würde. Das war auch Bhutto klar, der sich 1967 von ihm trennte und sich von nun an als Oppositionsführer profilierte.

Der bengalische Volkstribun Mujibur Rahman, der die Autonomieforderungen vertrat, wurde für Ayub Khan zum unbequemen Gegenspieler. Durch einen Prozess, in dem versucht wurde, Mujibur Rahman eine Verschwörung mit Indien nachzuweisen, wollte Ayub Khan sich dieses Gegenspielers entledigen. Doch der Nachweis gelang nicht, und Mujibur Rahmans Ansehen nahm zu. Schließlich kapitulierte Ayub Khan 1969 und gab die Macht dorthin zurück, woher sie gekommen war – in die Hände der Armee. Doch der neue Militärmachthaber Yahya Khan, der diese Macht nicht errungen hatte, sondern dem sie zugefallen war, erwies sich als noch hilfloser als der gescheiterte Ayub Khan. Wie alle pakistanischen Militärmachthaber vor und nach ihm, versprach er, baldmöglichst Wahlen abzuhalten. Nun waren bisher niemals allgemeine Wahlen in ganz Pakistan abgehalten worden. Das hatte einen guten Grund. West-Pakistan behandelte Ost-Pakistan wie eine Kolonie, doch Ost-Pakistan hatte die größere Bevölkerungszahl und musste daher bei echten Wahlen das Übergewicht bekommen. Ayub Khan hatte dies in seinem System der «Gelenkten Demokratie» dadurch verhindert, dass er in beiden Landesteilen je 40 000 Wahlmänner wählen ließ, die dann – sozusagen in indirekter Wahl – die Abgeordneten des Zentralparlaments wählten. Diese sorgfältig konstruierte Parität wurde nun aufgegeben, als Yahya Khan sein Versprechen, Wahlen abzuhalten, recht bald erfüllte und echte Wahlen nach dem Mehrheitswahlrecht abhalten ließ. Vermutlich wusste er nicht, was er tat. Als unpolitischer Berufsoffizier hatte er sich nie um die Probleme der parlamentarischen Demokratie gekümmert, die Pakistan ja bis zu diesem Zeitpunkt auch gar nicht erlebt hatte.

Das Ergebnis der Wahlen von 1970 nahm die Sezession Ost-Pakistans, die im nächsten Jahr erfolgte, bereits vorweg. Von den insgesamt 300 Parlamentssitzen gewann die von Mujibur Rahman geführte *Awami Liga* 151 – alle in Ost-Pakistan – und die von Bhutto geführte *Pakistan Peoples Party* 82 – alle in West-Pakistan, davon allein 62 im Panjab. Mujibur Rahman hätte nun Premierminister Pakistans werden müssen und damit wäre der Herrschaft West-Pakistans über Ost-Pakistan ein Ende gesetzt gewesen. Er hatte stets nur Autonomie und keine Sezession gefordert, aber die politische Entwicklung der nächsten Monate lief notgedrungen auf eine Sezession hinaus. Bhutto spielte dabei eine zwielichtige Rolle. Er gab vor, sich für die Einheit Pakistans einzusetzen, und billigte auch die Entsendung des west-pakistanischen Militärs nach Ost-Pakistan, aber er konnte sich ausrechnen, dass er nur in West-Pakistan etwas werden konnte. Als die Vereinten Nationen schließlich die Geburt Bangladeshs absegneten, war Bhutto in New York und vergoss vor aller Augen Krokodilstränen. Dann kehrte er zurück und wurde bald darauf Präsident von (Rest-)Pakistan. Ohne die Sezession hätte er dieses Ziel nie erreicht.

Die Geburt Bangladeshs war blutig und schmerzensreich. Im März 1971 hatte sich das pakistanische Militärregime dazu entschlossen, west-pakistanische Truppen in großer Zahl nach Ost-Pakistan zu entsenden, um die dortigen Autonomiebestrebungen mit Gewalt zu unterdrücken. Schließlich standen rund 100000 Mann aus West-Pakistan dort im Einsatz. Führende Intellektuelle wurden vom Militär ermordet und in einem Massengrab verschart. Mujibur Rahman wurde verhaftet und dann in West-Pakistan gefangen gehalten. Die *Mukti Bahini*, eine Guerillatruppe bengalischer Freiheitskämpfer, leistete dem Militär Widerstand. In dieser Krisensituation wurde die Gründung des Staates Bangladesh proklamiert – und zwar von einem jungen bengalischen Offizier der pakistanischen Armee, Major Zia-ur Rahman. Er kommandierte zu dieser Zeit die Garnison von Chittagong. Seine Sympathien für die Bestrebungen seiner Landsleute waren seinen Vorgesetzten bekannt geworden. Sie befahlen ihm, sich in Dhaka zu melden. Was ihm dort bevorstand, konnte er sich denken, deshalb trat er die Flucht nach vorn an und proklamierte den Staat, dessen Führung er nun übernahm. Inzwischen strömten Millionen von Flüchtlingen über die Grenze nach Indien. Für die indische Regierung wurde dieses Flüchtlingsproblem immer unerträglicher.

Indira Gandhi, die Tochter Jawaharlal Nehrus, hatte im März 1971 einen großen Wahlsieg errungen. Sie trat nun sehr viel selbstbewußter auf als in den schwierigen Jahren zuvor. Als sie 1966 zur Nachfolgerin Shastris gekürt worden war, galt sie als schwache Kompromisskandidatin, die von den Männern der «alten Garde» im Nationalkongress nur deshalb vorgezogen wurde, weil sie sich gegenseitig den Posten des Premierministers streitig machten. Doch 1969 spaltete sie die Kongresspartei und schickte die alte Garde in die Wüste. Der Wahlerfolg von 1971 bewies dann, dass sie das riskante Spiel gewonnen hatte.

Die Sowjetunion hatte 1966 Indira Gandhi zunächst nicht ernst genommen. Die Stellung des Schiedsrichters, die Kossygin in Taschkent errungen hatte, konnte nun ausgebaut werden. Die Sowjetunion lieferte Pakistan sogar 1968 Waffen, um zu zeigen, dass sie das Gleichgewicht in Südasien bewahren wolle. Die Lust an diesem Balanceakt verging der Sowjetunion aber bald, und 1969 bemühte sie sich sogar um einen Freundschaftsvertrag mit Indien, der in diesem Jahr wohl in Moskau ausgearbeitet wurde und von nun an in der Schreibtischschublade lag. Indira Gandhi hielt es zu dieser Zeit noch nicht für opportun, den Vertrag zu unterzeichnen, da er ihr als einseitige Parteinahme für die Sowjetunion ausgelegt werden konnte. Auch als sich die Krise in Ost-Pakistan verschärfte, setzte sie zunächst nicht auf die sowjetische Karte, sondern besuchte Europa und Amerika, um die westlichen Regierungen darum zu bitten, Pakistan zur Raison zu bringen. Ihr Besuch bei Nixon war besonders enttäuschend, seine «Zuneigung» zu Pakistan («tilt towards Pakistan») war schon spürbar. Von ihrer vergeblichen Rundreise zurückgekehrt, schloss Indira Gandhi im August 1971 den Freundschaftsvertrag mit der Sowjetunion ab. Die Tatsache, dass der sowjetische Außenminister Gromyko zu einem Blitzbesuch in New Delhi erschien und der Vertrag innerhalb eines Tages unterzeichnet wurde, bestätigte den Eindruck, dass dieses Dokument schon zuvor fix und fertig in der Schublade gelegen hatte.

Die Sowjetunion konnte zwar den Abschluss des Vertrages mit Genugtuung verzeichnen, war aber gar nicht sehr froh darüber, dass er für Indira Gandhi offenbar die Rolle eines «Rückversicherungsvertrages» spielte, der ihr den militärischen Eingriff in Ost-Pakistan erleichtern sollte, den sie wohl schon zu diesem Zeitpunkt für unabwendbar hielt. Von der Sowjetunion waren daher in den folgenden Monaten nur Mahnungen zur Vorsicht zu hören. Man fürchtete amerikanische und chinesische Reaktionen bei einer indischen Intervention in Ost-Pakistan. Der Freundschaftsvertrag war zwar kein Militärbündnis, er sah nur Konsultationen für den Fall vor, dass eine der Vertragsparteien von anderen Mächten angegriffen wurde, aber für die Sowjetunion hätte es einen erheblichen Prestigeverlust bedeutet, wenn sie in der Not Indien hätte im Regen stehen lassen müssen.

Nixon war besorgt, dass die Sowjetunion Indien militärisch unterstützen würde, und schickte auf dem Höhepunkt der Krise einen mit Atomwaffen gerüsteten Flugzeugträger in den Golf von Bengalen. Es scheint, dass damals ein dritter Weltkrieg nur knapp vermieden wurde. Die Frage eines sowjetischen Eingreifens stellte sich aber gar nicht, da die indischen Truppen im Dezember 1971 in Ost-Pakistan einen überraschend schnellen Sieg errangen. Nachdem sie in kurzer Zeit Dhaka erreicht hatten, konnten sie dort die Kapitulation der pakistanischen Truppen entgegennehmen. Das geschah nahezu kampflos, weil die pakistanische Militärführung in Ost-Pakistan rasch einsah, dass sie auf verlorenem Posten stand. Sie hatte keinen Rückhalt in der Bevölkerung, ihre Nachschublinien waren abgeschnitten, da war jeder Widerstand gegen eine indische Übermacht zwecklos. Rund 90 000 pakistanische Soldaten gerieten so in indische Kriegsgefangenschaft. Mit diesem Faustpfand hatte Indira Gandhi eine starke Verhandlungsposition gegenüber Bhutto, der seinen politischen Erfolg daran messen lassen musste, wie rasch er die Gefangenen zurückbringen konnte.

Das Simla-Abkommen von 1972

Der Krieg von 1971, der diesmal nicht mit einem Waffenstillstand, sondern mit einer Kapitulation geendet hatte, betraf Kaschmir zunächst gar nicht, doch es war allen Beteiligten sofort klar, dass Indien für die Rückgabe der Gefangenen Zugeständnisse in der

Kaschmirfrage erwarten konnte. Im Juni 1972 trafen sich Bhutto und Indira Gandhi in Simla, der alten Sommerhauptstadt der britischen Vizekönige. Bhutto kam als Bittsteller, und Indira Gandhi hätte ihm einen Diktatfrieden aufnötigen können, doch der schlaue Bhutto konnte sie davon überzeugen, dass er als «Erfüllungspolitiker» in Pakistan nicht überleben könne, Indien aber daran interessiert sein müsse, ihn an der Macht zu halten, damit er das, was er zusage, auch einlösen könne. Im Nachhinein kann man wohl sagen, dass Indiens Rücksicht auf Bhuttos politisches Überleben fehl am Platze war. Er wurde sowieso von dem nächsten Militärmachthaber Pakistans hingerichtet, ohne dass Indien dies verhindern konnte. Zur Zeit des Treffens in Simla war er aber der legitime Vertreter Pakistans, und wenn er damals unterschrieben hätte, dass die Waffenstillstandslinie in Jammu und Kaschmir nun als internationale Grenze gelten solle, dann hätte Indien in Zukunft darauf pochen können. Statt dessen gab sich Indira Gandhi mit einem Abkommen zufrieden, das ebensowenig wert war, wie die Gewaltverzichtserklärung von Taschkent. Die Waffenstillstandslinie wurde lediglich umgetauft. Sie hieß nun *Line of Control.* Bhutto versprach zwar, dass man sie nach und nach in eine echte Grenze verwandeln wolle, aber davon stand nichts im Abkommen. Selbst das, was von indischer Seite immer wieder als Substanz des Simla-Abkommens hervorgehoben wird, nämlich, dass künftig alle Probleme nur noch bilateral verhandelt werden können und dass Pakistan darauf verzichtet habe, den Kaschmirkonflikt je wieder zu internationalisieren, stand so nicht im Text des Abkommens. Dort war nur zu lesen, dass Indien und Pakistan alle anstehenden Probleme in gegenseitigem Einvernehmen mit friedlichen Mitteln lösen würden. Auch die alte Gewaltverzichtserklärung wurde mit ähnlichen Worten wie zuvor wiederholt. Dass Indira Gandhi solche frommen Wünsche, die für Indien keinen greifbaren Erfolg erbrachten, dennoch unterschrieb, kann nur bedeuten, dass sie in Bhutto doch einen «Erfüllungspolitiker» gefunden zu haben hoffte, den sie aber gerade deshalb aufbauen und nicht demontieren wollte.

Bhutto, der Indira Gandhi geschickt umgarnt hatte, dachte natürlich gar nicht daran, sich als «Erfüllungspolitiker» zu bewähren. Kaum nach Pakistan zurückgekehrt, begann er, den Bau einer «islamischen Atombombe» zu betreiben, um niemals ein zweites Simla erleben zu müssen. Ferner versuchte er, seine Macht zu sichern, indem er die Kapitulation der Militärführung anlastete und Dossiers über das Versagen der Generäle anfertigen ließ. Es war daher kein Wunder, dass diese darauf sannen, wie sie sich seiner entledigen konnten. Das wusste Bhutto natürlich, und als er einen neuen Chef der Streitkräfte zu ernennen hatte, beförderte er den bisher völlig unbekannten Zia-ul Haq und überging dabei zwölf ranghöhere Offiziere. Er glaubte, dass Zia nun in seiner Schuld stehe, und ahnte nicht, dass er seinen Henker erwählt hatte.

Indira Gandhi konnte nach dem Abschluss des Simla-Abkommens zunächst einmal mit dem, was sie erreicht hatte, zufrieden sein. Pakistan hielt still. Es waren eher die politischen Entwicklungen in Jammu und Kaschmir selbst, die Anlass zur Besorgnis gaben. In dieser Hinsicht aber gelang ihr ein entscheidender Durchbruch, als sie Anfang 1975 den *Kashmir Accord* mit Sheikh Abdullah schloss, dem sie nun wieder die Macht in diesem Staat übergab, nachdem er über zwanzig Jahre teils im Gefängnis, teils in der politischen Wüste verbracht hatte. Die Bedingungen, unter denen er sein Amt zu versehen hatte, diktierte sie – und er sorgte dann in der Tat sieben Jahre lang für Ruhe und Ordnung in Jammu und Kaschmir. Leider legte dieser letzte Einsatz des «Löwen von Kaschmir» keine gute Grundlage für die weitere politische Entwicklung des Staats, sondern hielt nur den weiteren Verfall vorübergehend auf.

4. Sheikh Abdullah, der «Löwe von Kaschmir»

Die politische Karriere Sheikh Abdullahs und sein Weg ins Abseits

Sheikh Abdullah war eine tragische Gestalt. Er träumte von einem unabhängigen Kaschmir, das ein säkularer, sozialistischer Staat sein sollte. Doch dieser Traum ging nie in Erfüllung. Er hatte ihn den Menschen im Tal von Kaschmir sehr lebendig vor Augen geführt und unablässig für sein Ziel gekämpft, deshalb nannten sie ihn den «Löwen von Kaschmir». Es fehlte ihm oft an Sinn für die politische Realität, aber gerade das ließ ihn zum Volkstribun werden. Bewundert wurde er aber nur im Tal von Kaschmir. Die Buddhisten in Ladakh und die Hindus in Jammu hatten das Gefühl, dass er wenig Verständnis für ihre Interessen hatte.

Er wurde 1909 als Sohn eines Kaufmanns geboren, dessen bescheidener Wohlstand vom Handel mit den Paschmina-Schals stammte, die eine berühmte Spezialität Kaschmirs sind. Sie werden aus der feinen Wolle der Bergziegen gewoben. Unter normalen Umständen hätte Sheikh Abdullah wohl das Geschäft seines Vaters übernommen, und niemand außerhalb seiner engeren Umgebung hätte je von ihm gehört. Aber 1931 erreichten die Wogen des indischen Freiheitskampfes auch das abgeschiedene Tal von Kaschmir, und der junge Abdullah wurde politisch aktiv. Er war gerade vom Studium an der Aligarh Muslim University zurückgekehrt und organisierte Protestversammlungen, die die Benachteiligung der Muslime auf dem ohnehin noch sehr bescheidenen Arbeitsmarkt zum Gegenstand hatten. Er kam ins Gefängnis, und als er 1932 wieder entlassen wurde, gründete er die *All Jammu and Kashmir Muslim Conference*. Bald geriet er unter den Einfluss der indischen Sozialisten und erweiterte sein politisches Programm, das nun die Forderung nach einer umfassenden Bodenreform einschloss. Der Maharaja und einige seiner Feudalherren besaßen den größten Teil des Grundbesitzes in diesem Fürstenstaat. Sie galt es zu enteignen, um das Land an die armen Bauern zu verteilen.

Jawaharlal Nehru besuchte 1938 Kaschmir und traf dort Sheikh Abdullah. Sie wurden Freunde, und diese Freundschaft war nicht nur persönlich, sondern auch ideologisch begründet. Beide strebten eine säkulare und sozialistische Staatsordnung an. In diesem Sinne änderte Sheik Abdullah den Namen seiner politischen Organisation in *National Conference* um. Mit dem Maharaja Hari Singh, der Jammu und Kaschmir seit 1925 regierte und der ihn 1931 ins Gefängnis gesteckt hatte, geriet Sheikh Abdullah immer wieder in Konflikt. Er organisierte 1946 sogar eine «Quit Kashmir»-Kampagne gegen den Maharaja und landete wieder im Gefängnis. Als der Maharaja sich jedoch gezwungen sah, den Anschluss an Indien zu erklären, unterstützte Sheikh Abdullah ihn und ließ sich schließlich auch von ihm zum Premierminister des Staates Jammu und Kaschmir ernennen.

In seiner neuen Machtfülle setzte Sheikh Abdullah die Bodenreform um und erwarb sich so die Dankbarkeit der Bauern, die er auch deutlich darauf hinwies, dass eine solche Reform niemals möglich gewesen wäre, wenn man sich Pakistan angeschlossen hätte, das ein feudaler Staat sei. So gesehen, mochte es der Maharaja bedauern, dass er sich zur Sicherung seines Grundbesitzes nicht Pakistan angeschlossen hatte. Der Konflikt zwischen Sheikh Abdullah und dem Maharaja wurde schließlich so groß, dass Sheikh Abdullah die Abdankung des Maharajas forderte. Daraufhin lud der indische Innenminister Patel im Mai 1949 den Maharaja nach New Delhi ein und legte ihm nahe, «Urlaub» zu nehmen und seinem Staat eine Weile fernzubleiben. Inzwischen werde sein Sohn Karan Singh als Regent eingesetzt werden. Der Maharaja erbleichte, als er dies hörte, folgte aber Patels Empfehlung. Offiziell dankte er nie ab, sah aber seinen Staat bis zu seinem Tode im Jahre 1962 nie wieder. Der junge Karan Singh, der gerade 18 Jahre alt war, übernahm die Regentschaft unter dem Titel *Sadar-i-Riyasat*. Er kam sowohl mit Nehru als auch mit Sheikh Abdullah gut aus.

Indien bemühte sich, dem Staat Jammu und Kaschmir goldene Brücken zu bauen, um seine schrittweise Eingliederung in die Indische Union zu ermöglichen. Im Oktober 1949 beschloss die

Verfassungsgebende Versammlung Indiens, einen Artikel 370 in die Verfassung einzufügen, der sich speziell auf Jammu und Kaschmir bezog und dessen innere Autonomie garantierte. Beim Anschluss an Indien hatte der Staat nur die Oberhoheit über Außenpolitik, Verteidigung und Kommunikation abgetreten. Das bedeutete auch, dass die in der indischen Verfassung enthaltene Standardverfassung der Bundesländer, die für alle gleich ist, nicht auf Jammu und Kaschmir übertragen wurde, das sich – Artikel 370 zufolge – eine eigene Verfassung geben sollte. Dazu wurde eine Verfassungsgebende Versammlung gewählt, die in der Übergangsphase zugleich als «Landtag» diente. Sheikh Abdullahs *National Conference* gewann die Wahlen zu diesem Gremium ohne Gegenstimmen, weil die Opposition, die ohnehin nicht sehr stark war, die Wahl boykottierte. Als Sheikh Abdullah im November 1951 die erste Sitzung der Verfassungsgebenden Versammlung eröffnete, wies er auf das Vorbild der säkularen Demokratie Indiens hin und distanzierte sich vom «feudalen Pakistan, in dem eine Clique sich an der Macht zu halten versucht».

Im sogenannten Delhi-Abkommen vom Juli 1952 konnte Sheikh Abdullah die Autonomie seines Staates noch bekräftigen. Jammu und Kaschmir wurde sogar eine eigene Flagge zugestanden, und der *Sadar-i-Riyasat* sollte künftig gewählt und nicht – wie in Indien der Gouverneur eines Bundeslandes – vom indischen Präsidenten ernannt werden. Kritiker dieses Abkommens meinten damals, es höre sich so an, als ob nicht Kaschmir den Anschluss an Indien, sondern Indien den Anschluss an Kaschmir vollzogen habe.

Sheikh Abdullah stand im Sommer 1952 auf der Höhe seiner Macht. Er hätte mit dem, was er erreicht hatte, zufrieden sein können. Aber er hatte offenbar die Hoffung auf einen unabhängigen Staat noch nicht aufgegeben. Die indische Regierung wurde immer misstrauischer und schließlich ließ Nehru seinen Freund fallen. Die unangenehme Aufgabe, ihn am 8. August 1953 zu entlassen, hatte freilich der junge *Sadar-i-Riyasat* Karan Singh. Kaum entlassen, wurde Sheikh Abdullah dann auch noch verhaftet und bis zum Januar 1958 gefangengehalten.

Bakshi Ghulam Muhammad, der als Sheikh Abdullahs «rechte Hand» galt, übernahm sein Amt und regierte Jammu und Kasch-

Abb. 3: Sheikh Abdullah (links) und Pandit Nehru (rechts) auf dem Parteitag der indischen Kongresspartei im Oktober 1951. Foto: SV-Bilderdienst

mir in indischem Auftrag mit nahezu diktatorischen Vollmachten. Eine eigene Verfassung hatte der Staat ja noch nicht, und seine Autonomie konnte leicht in Autokratie ausarten. Die Verfassung wurde schließlich nach langen Debatten verabschiedet und trat am 26. Januar 1957 in Kraft. Pakistan nahm dies zum Anlass, den Sicherheitsrat der Vereinten Nationen anzurufen, weil die Verabschiedung dieser Verfassung den Anschluss des Staates an Indien unter Umgehung der versprochenen Volksabstimmung zu bedeuten schien. Bei der Debatte im Sicherheitsrat hielt Indiens Vertreter bei den Vereinten Nationen, Krishna Menon, eine denkwürdige Rede, die insgesamt acht Stunden dauerte und als «Marathon-Rede» bekannt wurde. Er rollte darin die gesamte Kaschmirfrage auf, betonte, dass die Rechtmäßigkeit des Anschlusses von den Vereinten Nationen nie angezweifelt worden sei, erwähnte die Enttäuschung, die Indien empfunden habe, weil Pakistan von den Vereinten Nationen nicht als Aggressor bezeichnet und aufgefordert worden sei, seine Truppen zurückzuziehen, und führte dann aus, dass die Verabschiedung der Verfassung von Jammu und Kaschmir staatsrechtlich gar nichts an dem durch den Anschluss gegebenen Zustand ändere. Der Sicherheitsrat verabschiedetete dennoch die Resolution, mit der die Vorgehensweise in Kaschmir verurteilt wurde. Die Sowjetunion enthielt sich dabei der Stimme und damit wurde wieder einmal ein Beschluss dieses Gremiums entwertet.

Sheikh Abdullah übte noch vom Gefängnis aus Kritik an der Verabschiedung der Verfassung und forderte weiterhin, dass eine Volksabstimmung abgehalten werden müsse. Bakshi Ghulam Muhammad ließ sich auf der Grundlage der neuen Verfassung erneut mit großer Mehrheit wählen. Da es nun ruhig im Staate blieb und es ungerechtfertig erschien, Sheikh Abdullah noch länger gefangen zu halten, wurde er im Januar 1958 aus der Haft entlassen. Doch er forderte sofort lautstark die Abhaltung einer Volksabstimmung und fand begeisterte Zustimmung bei seinen Anhängern. Daraufhin wurde er im April 1958 erneut verhaftet. Diesmal klagte man ihn der Verschwörung mit Pakistan an. Der Prozess zog sich lange hin, führte aber zu keinem Ergebnis. Am 8. April 1964 wurde er wieder aus der Haft entlassen.

Die Reise nach Pakistan und das Treffen mit Chou Enlai

Jawaharlal Nehru, der schon vom Tode gezeichnet war, bereute nun wohl, was er seinem alten Freund angetan hatte, und lud ihn zu sich ein. Sie führten lange Gespräche, die schließlich damit endeten, dass Nehru Sheikh Abdullah nach Pakistan sandte, wo er mit Ayub Khan über eine Aussöhnung von Indien und Pakistan, ja sogar über eine Konföderation der beiden Staaten verhandeln sollte. Der erste und einzige Besuch Sheikh Abdullahs in Pakistan war praktisch ergbnislos. Immerhin nahm Ayub Khan eine Einladung an, Nehru alsbald in New Delhi zu besuchen, und Sheik Abdullah konnte darauf stolz sein, einen neuen Dialog in Gang gebracht zu haben. Doch als er nach Indien zurückkehrte, war Nehru gerade gestorben. Der Dialog war damit beendet, noch ehe er richtig beginnen konnte.

Da Sheikh Abdullah zu jener Zeit keine weiteren politischen Aufgaben hatte, beschloss er, im Februar 1965 eine Pilgerreise nach Mekka anzutreten, die jeder Muslim mindestens einmal in seinem Leben unternehmen soll. Danach besuchte er einige andere Länder und traf dabei in Algerien den chinesischen Premierminister Chou Enlai, der ihn nach China einlud. Dieser Kontakt erschien der indischen Regierung äußerst verdächtig. Auch hatte Sheikh Abdullah wieder einmal die Forderung nach der Volksabstimmung erhoben. Im Mai 1965 wurde er erneut verhaftet. Diesmal wurde ihm aber nicht der Prozess gemacht, sondern er wurde in dem schönen südindischen Luftkurort Utakamund unter Hausarrest gestellt, wo er weit genug von Kaschmir – und von Chou Enlai – entfernt war.

Im Tal von Kaschmir hatte es in den Jahren zuvor eine große Aufregung gegeben, weil ein Haar des Propheten, das dort als Reliquie in der Hazratbal-Moschee aufbewahrt wird, gestohlen worden war und sich einige Zeit nicht wieder auffinden ließ. Erst als das Haar wieder auftauchte und von muslimischen Gelehrten als echt anerkannt wurde, legte sich die Unruhe. Der Ministerpräsident von Jammu und Kaschmir, Shamsuddin, der sich in der Krise als unfähig erwiesen hatte, wurde 1964 durch Ghulam Muhammad Sadiq abgelöst. Sadiq war ein alter Kampfgefährte Sheikh Abdullahs, der bei der Wahl vom März 1957 gegen Bakshi Ghulam Muhammad angetreten war und nun eine enge Verbindung zum indischen Nationalkongress hatte. Er blieb vom 1964 bis zu seinem Tode im Sommer 1971 im Amt und hielt Ruhe und Ordnung im Staat.

In dieser Zeit der Ruhe schien es wieder einmal opportun zu sein, den eingesperrten «Löwen von Kaschmir» freizulassen. Der populäre indische Sozialist Jayaprakash Narayan hatte sich schon 1966 bei Indira Gandhi für Sheikh Abdullah eingesetzt und betont, dass nur er eine Lösung des Kaschmirproblems herbeiführen könne. Indira hatte sich dann aber Zeit gelassen und Sheikh Abdullah erst 1968 die Freiheit gegeben. Er wollte die sogenannte *Plebiscite Front*, die sich für die Volksabstimmung einsetzte, wieder beleben, doch da verbot die indische Regierung ihm den Aufenthalt in Kaschmir. Er durfte sich nicht an den Wahlen vom März 1972 beteiligen, die er haushoch gewonnen hätte, wie ihm der Gewinner dieser Wahl, Mir Qasim, später bescheinigte. Mir Qasim erwies sich als großzügig. Er sorgte dafür, dass Sheikh Abdullah wieder nach Kaschmir zurückkehren konnte und auch seine *Plebiscite Front* wieder zugelassen wurde.

Inzwischen hatten Indien und Pakistan das Simla-Abkommen geschlossen, das Sheikh Abdullah kritisierte, weil es ohne Mitwirkung der Kaschmiris zustande gekommen sei. Doch erkannte er wohl stillschweigend an, dass Indira Gandhi auf der Höhe ihrer Macht stand und dass es daher unklug gewesen wäre, die Forderung nach der Volksabstimmung erneut zu erheben; ja, als Bhutto nun ausdrücklich das Recht von Jammu und Kaschmir auf Selbstbestimmung betonte, verbat sich Sheikh Abdullah jede Einmischung in die inneren Angelegenheiten des Staates. Die Zeit war reif für den Abschluss des *Kashmir Accord*, durch den Sheikh Abdullah nach 22 Jahren im Abseits wieder an die Macht kam.

Der «Kashmir Accord»: Indira Gandhi zähmt den «Löwen von Kaschmir»

Das Abkommen, das Indira Gandhi Anfang 1975 mit Sheikh Abdullah schloss und sehr beredt vor dem indischen Parlament verteidigte, bedeutete im Grunde eine Kapitulation des «Löwen von Kaschmir». Es wurden nämlich keineswegs Neuwahlen abgehalten, die ihm die demokratische Legitimation gewährt hätten, die er sich gewünscht – und sicherlich auch erhalten hätte. Er wurde sozusagen auf Befehl Indira Gandhis als Ministerpräsident eingesetzt. Mir Qasim musste den Platz räumen und wurde dafür mit einem Posten in New Delhi entschädigt. Zwar blieb der Artikel 370 der indischen Verfassung unangetastet, aber der alte Titel «Premierminister» wurde durch den in allen anderen indischen Bundesländern gültigen Titel «Chief Minister» für den Ministerpräsidenten ersetzt. Auch wurde der Gouverneur nun wie in diesen Bundesländern von indischen Präsidenten ernannt und nicht vom Landtag gewählt. Dass Jammu und Kaschmir integraler Bestandteil der Indischen Union sei, wurde im *Kashmir Accord* noch einmal ausdrücklich erwähnt. Von einer Volksabstimmung war nicht mehr die Rede, sie war durch den *Kashmir Accord* praktisch gegenstandslos geworden. Der «Löwe von Kaschmir» hatte seinen Traum von einem unabhängigen Kaschmir offensichtlich aufgegeben.

Bhutto protestierte und sagte, der *Kashmir Accord* verstoße gegen das Simla-Abkommen. Davon konnte nicht die Rede sein, denn die Volksabstimmung war in diesem Abkommen gar nicht erwähnt worden. Bhutto war wohl nur zornig darüber, dass Indira Gandhi nun «Nägel mit Köpfen» machte, wovor sie in Simla noch mit Rücksicht auf Bhutto zurückgeschreckt war. Im Oktober 1975 besuchte sie Srinagar. Sie hatte inzwischen in Indien den Notstand ausrufen lassen und regierte mit diktatorischen Vollmachten. Der zahme «Löwe von Kaschmir» musste ihr als Gastgeber den Hof machen. Er verdankte ihr sein Amt – und so wie sie ihn eingesetzt hatte, konnte sie ihn auch wieder absetzen. Er hatte zwar inzwischen für sich selbst einen Sitz im Landtag gewinnen dürfen, weil die Kongresspartei einen Sitz für ihn freigemacht hatte, aber ein frei gewählter Regierungschef war er noch nicht.

Für Sheikh Abdullah war es ein Glück, dass Indira Gandhi 1977 eine Wahlniederlage erlitt. Mit dem Machtverlust der Kongresspartei war auch der Weg für Neuwahlen in Jammu und Kaschmir frei. Sheikh Abdullahs *National Conference* trat an. Er selbst erlitt zu dieser Zeit einen schweren Herzanfall, von dem er sich aber bald erholte. Jetzt war er erneut ein demokratisch legitimierter Ministerpräsident. Der «Löwe von Kaschmir» brüllte wieder und erschreckte die neue indische Regierung. Doch deren Tage waren gezählt, und 1980 kehrte Indira Gandhi an die Macht zurück und hielt den «Löwen» in Schach.

Die Tragik der letzten Regierungsjahre

Die besondere Tragik der späten Regierungsjahre Sheikh Abdullahs war es, dass sein alter Traum von einem säkularen, sozialistischen Kaschmir längst niemanden mehr begeisterte. Die junge Generation der muslimischen Kaschmiris hatte in islamischen Ideen Anhaltspunkte für neue Träume gefunden. Sie war zu einem großen Teil dadurch enttäuscht worden, dass zwar die Bildungsinstitutionen im Tal von Kaschmir zugenommen und daher auch die Zahl der Graduierten beträchtlich gewachsen war, dass es aber kaum Arbeitsplätze für sie gab. Der Staatsdienst war noch lange Zeit von kaschmirischen Pandits (Brahmanen) besetzt, die um

1978 immer noch ein Drittel der Stellen in diesem Sektor innehatten, obwohl sie nur eine kleine Minderheit waren. Die Pogrome, die später dazu führten, dass die meisten Hindus aus dem Tal von Kaschmir fliehen mussten, wurden von einem islamischen Fanatismus angetrieben, der unter anderem aber auch wirtschaftliche Gründe hatte. Der alte «Löwe von Kaschmir» saß auf diesem Pulverfass und konnte durch sein Gewicht noch eine Weile verhüten, dass es explodierte. Ob er wirklich verstand, was sich um ihn herum in seinem geliebten Kaschmir zusammenbraute, ist zu bezweifeln. Er wusste, dass seine Tage gezählt waren, und wollte schließlich sein politisches Erbe seinem Sohn Dr. Farooq Abdullah anvertrauen, der lange Zeit mit seiner englischen Frau in London gelebt und als Arzt ein gutes Auskommen gehabt hatte. Farooq Abdullah hatte weder viel von dem miterlebt, was seinen Vater politisch bewegte, noch konnte er um die Nöte der jungen Generation im Tal von Kaschmir wissen. Er fuhr gern mit seinem Motorrad durch die Straßen Srinagars und galt als eine Art Playboy. Als er dann an der Macht war, erwies er sich als nicht ungeschickt, aber ein «Löwe von Kaschmir» war er nicht. Die mörderische Atmosphäre, die sich nun bald im Tal von Kaschmir ausbreitete, war ohnehin für majestätische Löwen nicht mehr geeignet. Nun waren Überlebenskünstler wohl besser am Platz.

5. Spannungsfelder in und um Kaschmir

Farooq Abdullah und der indische Föderalismus

Nachdem Farooq Abdullah seinen Vater beerbt hatte, suchte er nach Bundesgenossen, um die Autonomie von Jammu und Kaschmir zu verteidigen. Er fand sie im Kreise der Ministerpräsidenten der indischen Bundesländer, erwarb sich dabei aber auch die unversöhnliche Feindschaft Indira Gandhis, die bald danach trachtete, ihn des Amtes zu entheben. Farooq Abdullah trieb dabei wohl auch ein doppeltes Spiel. Die föderalistischen Bundesgenossen kamen ihm gelegen, im übrigen hielt er wohl auch Kontakte zu den Terroristen, die er eigentlich bekämpfen sollte.

Der indische Föderalismus, der im Laufe des britischen Dekolonisierungsprozesses entstand, hat eine sehr zentralistische Struktur. Wie bereits erwähnt, ist die Standardverfassung der Bundesländer in der Bundesverfassung enthalten. Eine Besonderheit dieser Verfassung sind die Notstandsvollmachten des Präsidenten *(President's Rule)*, der eine Landesregierung entlassen und das Bundesland durch den Gouverneur regieren lassen kann. Diese Notstandsregelung ermöglichte es in der Kolonialzeit dem Vizekönig, die Regierung einer britisch-indischen Provinz, die man den indischen Politikern überlassen hatte, wieder an sich zu ziehen. Man kann das als einen «Föderalismus auf Widerruf» bezeichnen. Nach Erlangung der Unabhängigkeit hatte die indische Verfassungsgebende Versammlung diese Notstandsregelung und auch die Institution des ernannten Gouverneurs unter dem Eindruck der Teilung beibehalten, um die nationale Einheit zu verteidigen. Indira Gandhi interpretierte diese Regelung sehr selbstherrlich. Wenn sie eine Wahl auf Bundesebene gewann, schickte sie die Landesregierungen anderer Parteien in die Wüste, weil diese ihrer Ansicht nach das Mandat der Wählerschaft verloren hatten. Indische Ministerpräsidenten mussten daher stets mit dem

Damoklesschwert leben, das da über ihnen hing. Sie hatten aber noch mehr Grund zur Unzufriedenheit. Die Staatsfinanzen waren so geregelt, dass die dynamischen Steuern dem Bund vorbehalten blieben, während andere – wie etwa die Grundsteuer, die aus Rücksichtnahme auf die Bauern nicht mehr erhöht wurde – den Ländern zugeordnet waren.

Als Indira Gandhi durch die Wahlen von 1980 überraschend an die Macht zurückgekehrt war, musste sie bald bemerken, dass es ihr nicht mehr gelang, alle Landesregierungen nach ihrem Gutdünken «gleichzuschalten». Es bildete sich eine Fronde oppositioneller Landesregierungen; in diese Fronde reihte sich auch Jammu und Kaschmir unter Farooq Abdullah ein, worüber sie sich ganz besonders ärgerte.

Im Sommer 1983 wurde in Jammu und Kaschmir gewählt. Farooq Abdullahs *National Conference* trat gegen die Kongresspartei an. Schon während des Wahlkampfs hatte er sich an einem «Konklave» der «Fronde» beteiligt, das nächste «Konklave» sollte dann im Oktober in Srinagar stattfinden. Indira Gandhi besuchte Kaschmir im Rahmen des Wahlkampfes. Sie fühlte sich von Farooq Abdullah schlecht behandelt. Während sein Vater sie 1975 dort empfangen hatte, als sei sie der Großmogul, war Farooq Abdullah nicht darum bemüht, sich als Gastgeber zu bewähren – schließlich war sie ja nun im Wahlkampf seine Gegnerin. Als sie in Srinagar eine Ansprache hielt, machten junge Männer im Publikum obszöne Gesten. Sie kehrte erniedrigt und beleidigt nach New Delhi zurück. Farooq Abdullah hatte wohl nichts mit dieser Beleidigung zu tun, aber sie kreidete ihm das üble Benehmen seiner jungen Gefolgschaft an und sann von nun an darauf, ihn zu stürzen. Vorerst konnte sie ihm aber nichts anhaben, denn die *National Conference* hatte 46 der 76 Landtagssitze von Jammu und Kaschmir errungen, die Kongresspartei aber nur 26. Doch die Einheit der *National Conference* wurde durch die Intrigen von Farooqs Schwager G.M. Shah gefährdet, und darin sah Indira Gandhi ihre Chance. Im Januar 1984 beorderte sie Farooq nach Delhi, machte ihm deutlich, dass er nur Ministerpräsident von ihren Gnaden sei und sie ihn jederzeit stürzen könne.

Farooq nahm sich die Drohung zu Herzen – aber nicht so wie Indira Gandhi es erhofft hatte. Nach Srinagar zurückgekehrt, stellte er sofort die Vertrauensfrage im Landtag und erhielt eine solide Mehrheit. Der Gouverneur B. K. Nehru, mit dem er bisher sehr gut ausgekommen war, warf ihm vor, verfassungswidrig gehandelt zu haben, da die Vertrauensfrage nur nach angemessener Vorankündigung gestellt werden könne. Außerdem konnte nun in der laufenden Sitzungsperiode nicht noch einmal eine Vertrauenfrage gestellt werden. Farooq hatte also Indira Gandhi durch dieses Manöver zunächst außer Gefecht gesetzt. Doch das festigte nur ihren Entschluss, ihn zu stürzen. Es kam hinzu, dass sie zu dieser Zeit an einer anderen Front empfindlich geschlagen wurde. Als 1983 in Andhra Pradesh der populäre Schauspieler und Volkstribun N. T. Rama Rao mit seiner nur auf dieses Bundesland beschränkten Partei *Telugu Desam* an die Macht kam, hatte Indira Gandhi ihn kurzerhand absetzen lassen. Er erhob dagegen eine Verfassungsklage und musste 1984 wieder eingesetzt werden. Diese Niederlage war für India Gandhi sehr peinlich, zumal sie gerade auch im Panjab mit dem Rücken zur Wand stand, wo radikale Sikhs einen eigenen Staat Khalistan forderten.

Die Schwierigkeiten, in die Indira Gandhi im Panjab geriet, hatte sie zum Teil selbst verschuldet. Als sie 1966 zum ersten Mal an die Macht gekommen war, wollte sie den Sikhs entgegenkommen, indem sie das Bundesland Panjab in die zwei Bundesländer Panjab und Haryana aufteilen ließ. Eine Aufteilung von Bundesländern nach dem Sprachprinzip war in Indien möglich, nicht aber aufgrund religionsgemeinschaftlicher Differenzen. Einen Sikh-Staat konnte es in Indien nicht geben, wohl aber einen Staat, in dem Panjabi die Landesprache war. Im südlichen Panjab, dem späteren Haryana, wurde vorwiegend Hindi gesprochen. Im neuen Panjab in den Grenzen von 1966 hatten nun die Sikhs die Bevölkerungsmehrheit – aber eben nur von rund 60 Prozent. Das ergab bei Wahlen eine sehr prekäre Situation. Die Sikh-Partei *Akali Dal* musste sich durch Betonung religionsgemeinschaftlicher Interessen darum bemühen, alle Sikh-Stimmen auf sich zu vereinigen. Die Kongresspartei Indira Gandhis musste dagegen versuchen, die Sikh-Stimmen zu spalten, um Wahlen zu gewinnen. Nun sind die Sikhs sehr «spaltbares Material». Eine Volksweisheit besagt, dass zwei Sikhs genügen um drei Parteien zu bilden. Jeder Sikh wird mit der Ehrenbezeichnung *Sardar* (Führer) angeredet; meistens fühlt er sich auch so und erwartet, dass andere ihm folgen, während er nur ungern anderen Gefolgschaft leistet. Indira Gandhi wusste das zu nutzen, doch als sie dann den radikalen Jarnail Singh Bhindranwale aufbaute, hatte sie auf das falsche Pferd gesetzt. Er entwickelte sich zum erbitterten Sezessionisten und setzte sich im Goldenen Tempel von Amritsar fest, dem Hauptheiligtum der Sikhs, das Indira Gandhi dann 1984 von der Armee stürmen ließ. Bhindranwale kam bei der Erstürmung des Tempels um.

Farooq Abdullah hatte nicht nur mit den oppositionellen Ministerpräsidenten gemeinsame Sache gemacht, sondern sich sogar mit Bhindranwale getroffen. Das war in Indira Gandhis Augen Hochverrat. Farooq Abdullahs Tage als Ministerpräsident waren im Sommer 1984 gezählt. B.K. Nehru, ein Cousin Indira Gandhis, der, wie bereits erwähnt, Gouverneur von Jammu und Kaschmir war, weigerte sich, Farooq Abdullah zu stürzen. Da ersetzte Indira Gandhi B.K. Nehru durch einen ihrer bewährten Mitarbeiter, Jagmohan, der ihr bereits zur Zeit ihres Notstandsregimes (1975/76) beigestanden hatte. Jagmohan war damals Administrator (*Lieutenant Governor*) von Delhi gewesen. Das Gebiet der Hauptstadt ist ein Union Territory, das der Bundesregierung untersteht und einen vom Präsidenten ernannten Administrator hat. Jagmohan war ein energischer, aber auch eitler und selbstgefälliger Mann, ein Hindu aus dem Panjab mit keinen besonderen Sympathien für die muslimischen Kashmiris. Er galt als unbestechlich und effizient. Es fehlte ihm aber an politischem Takt. Er glaubte, durch hartes Durchgreifen alle anstehenden Probleme lösen zu können. Mit Farooq Abdullah machte er kurzen Prozess und zwang ihn zur Abdankung. Eigentlich wollte Jagmohan nun mit den Mitteln der *President's Rule* die Regierung selbst übernehmen. Aber in Indira Gandhis «Küchenkabinett» wurde eine andere Entscheidung getroffen. Man sah die Gelegenheit gekommen, die *National Conference* gründlich zu spalten und zu diesem Zweck G.M. Shah als Ministerpräsidenten einzusetzen, dessen «Verweildauer» in diesem Amt man für sehr begrenzt hielt. Der Familienzwist zwischen Farooq und seinem Schwager Shah wurde auf zynische Weise genutzt, um das Ziel zu erreichen, das Indira Gandhi schon über ein Jahr verfolgt hatte. So wurde der erste

Nagel in den Sarg der Demokratie in Jammu und Kaschmir getrieben – es sollten bald weitere folgen.

Indira Gandhi konnte den Erfolg dieses Handstreichs nicht mehr lange genießen. Sie wurde im Oktober 1984 von ihren Sikh-Leibwächtern als Rache für das, was sie den Sikhs angetan hatte, ermordet. Jagmohan aber blieb fünf Jahre lang Gouverneur von Jammu und Kaschmir. Shah erwies sich bald als unfähig und wurde im März 1986 von Jagmohan entlassen, der nun selbst die Regierung übernahm.

Die «Große Koalition» und der Tod der Demokratie in Kaschmir

Nach der Entlassung Shahs waren Neuwahlen fällig, und Farooq Abdullah nutzte diese Chance, um wieder an die Macht zu kommen. Er kam mit Rajiv Gandhi gut aus und traf mit ihm eine Wahlabsprache, durch die er hoffen konnte, gegen alle Spaltereien in seiner eigenen Partei gefeit zu sein.

Der Wahlsieg war mit der Methode, die sich Rajiv und Farooq ausgedacht hatten, von vornherein garantiert – und wer würde nicht auf der Seite des Siegers sein wollen? Man teilte die Sitze in etwa nach dem Proporz auf, der sich bei den Wahlen von 1983 ergeben hatte, als die beiden Parteien gegeneinander angetreten waren. Aus der deutschen politischen Erfahrung mit einer «Großen Koalition» ist bekannt, dass sie einer «außerparlamentarischen Opposition» Auftrieb gibt. Dabei entstand die deutsche «Große Koalition» damals nach den Wahlen und keineswegs aufgrund einer Wahlabsprache. In den Wahlen in Jammu und Kaschmir war aber die «Große Koalition» eine bereits zuvor «abgekartete» Sache. Dennoch stellte eine Oppositionsallianz, die als *Muslim United Front* (MUF) auftrat, eine Reihe von Kandidaten auf, die eigentlich von vornherein auf verlorenem Posten standen. Zu allem Überfluss wurden diese Kandidaten aber auch noch belästigt, und die Wähler in «verdächtigen» Wahlkreisen daran gehindert, ihre Stimme abzugeben. Das Resultat fiel entsprechend aus: *National Conference* 40 Sitze, Kongresspartei 26, MUF 4, Unabhängige 4, BJP 2. Das Mehrheitswahlrecht ermöglicht es, dass Parteien weit mehr Sitze erringen, als es ihren Anteil an den abgegebenen Stimmen entspricht. Das war auch hier so: *National Conference* 33 Prozent, Kongresspartei 20, MUF 20, Unabhängige 15, BJP 5 und Sonstige (ohne Sitze) 7 Prozent. Bei einem Verhältniswahlrecht hätte die MUF also ebensoviel Sitze erhalten wie die Kongresspartei. So aber wurde sie hoffnungslos marginalisiert. Die jungen Muslime, die sich im Wahlkampf für die MUF eingesetzt hatten, waren frustiert und wütend. Sie bildeten dann das Rückgrat einer «außerparlamentarischen Opposition», die sich später dem Terrorismus verschrieb. Die *Jamaat-i-Islami-i-Kashmir*, von der später noch die Rede sein soll, war die wichtigste Organisation in der MUF gewesen. Aus ihr ging bald nach dem Wahldebakel die *Hizbul-Mujahideen* (HUM) hervor, die zur bedeutendsten Terroristenvereinigung Kaschmirs werden sollte.

Der Wahlsieg war ein Pyrrhus-Sieg für Farooq, doch das sah er 1987 noch ganz anders. Er fühlte sich durch den Wahlerfolg bestätigt. Auch kam er mit seinem Koalitionspartner, der Kongresspartei, recht gut aus. Die «Kohabitation» mit Jagmohan war Farooq freilich sehr zuwider. Erst als dessen Amtszeit 1989 beendet war, konnte er aufatmen. Inzwischen hatte sich jedoch die Unruhe im Tal von Kaschmir verschärft, und die militanten Rebellen riskierten tollkühne Attacken. Jetzt fielen auch prominente Pandits ihren Attentaten zum Opfer. Sicher war das Anwachsen des Terrorismus im Tal von Kaschmir den aus Pakistan stammenden «Sympathisanten» der einheimischen «Freiheitskämpfer» zuzuschreiben, aber viele junge Kaschmiris waren selbst zu Terroristen geworden, weil sie keine echte Demokratie in ihrer Heimat erlebt hatten und sich vom politischen Prozess nicht einbezogen, sondern ausgegrenzt sahen. Weder Sheikh Abdullah noch sein Sohn hatten der Demokratie im Tal von Kaschmir zum Sieg verhelfen können. In New Delhi war man hauptsächlich daran interessiert, in Jammu und Kaschmir Ruhe und Ordnung zu halten. Die Bevölkerung wurde durch die Wahlen immer wieder mobilisiert, aber sie konnte mit dem Wahlresultat nur selten zufrieden sein.

Nachdem Rajiv Gandhi im November 1989 die Wahlen verloren hatte und Vishwanath Pratap Singh Premierminister geworden war, schien zunächst eine Zeit der Versöhnung mit den Kaschmiris angebrochen zu sein. Singh ernannte Mufti Muhammed Sayeed, den Führer der Kongresspartei in Jammu und Kaschmir, zum Innenminister Indiens und glaubte, damit ein Zeichen gesetzt zu haben. Dieses Zeichen mochte für alle, die es außerhalb Kaschmirs wahrnahmen und nichts von den inneren Zwistigkeiten dort wussten, recht überzeugend sein. Aber innerhalb Kaschmirs war Sayeed nicht unumstritten. Als Politiker hatte er dort bei allen Intrigen, an denen das liebliche Tal so reich ist, mitmischen müssen. Dass er selbst ein Muslim war, bedeutete nicht, dass er auf die Muslime in Kaschmir großen Einfluss hatte. Premierminister Singh musste das Zeichen, das er so mutig gesetzt hatte, bald bereuen. Die Terroristen in Kaschmir entführten Sayeeds Tochter, eine junge Ärztin, und erzwangen so die Freilassung von mehreren gefangenen Kameraden. Sie feierten diese Freilassung demonstrativ als eine Niederlage der Regierung. Darauf kehrte die indische Regierung zu einem härteren Kurs zurück und entsandte Jagmohan wieder als Gouverneur nach Srinagar. Farooq Abdullah trat sofort zurück, weil er mit Jagmohan nicht zusammenarbeiten wollte, zumindest erklärte er seinen Rücktritt so. Doch kam ihm dieser Anlass vermutlich gelegen, denn der Boden unter seinen Füßen war ihm zu heiß geworden. Erst jetzt wurde ihm wohl deutlich, dass er 1987 einen Pyrrhus-Sieg errungen hatte.

Für Jagmohan begann die neue Amtsperiode mit einem blutigen Massaker, für das er jedoch nicht verantwortlich gewesen sein will. Sicherheitskräfte schossen von beiden Seiten einer Brücke auf Demonstranten, die entweder im Kugelhagel starben oder umkamen, als sie verzweifelt von der Brücke sprangen. Damit begann im Tal von Kaschmir eine Zeit, in der sich Staatsterror und mörderische Militanz der Rebellen gegenseitig anheizten. Jagmohan glaubte, in dieser Situation die Pandits retten zu müssen, und stellte Lastwagen für ihre Evakuierung bereit. Rund 150000 verließen das Tal vom Kaschmir im Frühjahr 1990. Viele von ihnen verbrachten die folgenden Jahre in Flüchtlingslagern in der Nähe von Delhi. Kritiker fragten später, ob Jagmohan nicht durch seine Aktion den Massenexodus der Pandits überhaupt erst veranlasst habe. Noch hatten nur vereinzelte Morde, aber kein Massen-Pogrom stattgefunden. Jagmohan aber meinte, dass er es nur durch die Evakuierung habe verhindern können.

Nicht alle Pandits verließen das Tal. Jene unter ihnen, die Regierungsbeamte waren, fühlten sich zum Ausharren verpflichtet. Sie unterstützten zumeist auch den Staatsterror, den Jagmohan und sein Nachfolger Girish Saxena, ein Sicherheitsbeamter des Bundesinnenministeriums, unerbittlich praktizierten. Ein hoher Beamter der Landesregierung von Jammu und Kaschmir, ein Pandit, drückte das so aus: «Wir haben eine Verfassung, für die wir zu leben und zu sterben, aber auch zu töten bereit sind.» Diese radikale Art des «Verfassungspatriotismus» mag befremdlich erscheinen, aber sie ist bezeichnend für die politische Atmosphäre im Tal von Kaschmir.

Die Implosion des Sowjet-Imperiums und die arbeitslosen Glaubenskämpfer

Die Reihen der Rebellen im Tal von Kaschmir lichteten sich nicht, weil sie nun ständig Zustrom von arbeitslosen islamischen Glaubenskämpfern bekamen, die nach dem Rückzug der Sowjetunion aus Afghanistan dort nicht mehr gebraucht wurden, aber gut bewaffnet und kampferprobt waren.

Die sowjetische Invasion Afghanistans hatte die politische Lage in Südasien ganz und gar aus dem Gleichgewicht gebracht. Indien musste ohnmächtig zusehen, wie das befreundete Afghanistan von der ebenfalls befreundeten Sowjetunion vereinnahmt wurde. Indira Gandhi und ihre Nachfolger mussten sogar noch gute Miene zum bösen Spiel machen. Indien war schließlich mehr und mehr auf die Sowjetunion angewiesen, während Pakistan unter Präsident Zia zum von den Amerikanern umworbenen Frontstaat wurde. Zias Lieblingskind, die *Inter-Services Intelligence* (ISI), war nicht nur ein sehr effizienter militärischer Abschirmdienst, sondern war für den Einsatz und die Rüstung der islamischen Glaubenskrieger in Afghanistan verantwortlich. Diese ISI wurde geradezu ein Staat im Staate und verfolgte weitgehend eine eigene Politik. Der Tod Zias bei einem immer noch ungeklärten Flugzeugabsturz 1988 bedeutete keinesfalls einen Rückschlag für die ISI; im Gegenteil, sie konnte nun ohne die Kontrolle ihres Herrn und Meisters ihre Tätigkeit noch weit besser entfalten. Solange die amerikanischen Gelder flossen, ging es der ISI besonders gut, aber auch nach dem Rückzug der Sowjetunion wusste die ISI ihre Stellung zu halten.

Indien hat nichts, was der ISI vergleichbar wäre. Es gibt dort eine dem Bundesnachrichtendienst (BND) ähnliche Agentur, den *Research and Analysis Wing* (RAW) des Bundesinnenministeriums, die zugleich Funktionen des Verfassungsschutzes hat, aber nicht solche des Militärischen Abschirmdienstes (MAD). Das Militär hat seine eigene «Intelligenz», aber die ist auf Funktionen beschränkt, die der Militärtaktik im engeren Sinne dienen. Im Zusammenhang mit der Verteidigung von Kargil (1999) werden wir auf diese Problematik zurückkommen. Hier soll zunächst nur betont werden, dass Pakistan mit seiner ISI Indien auf diesem Gebiet überlegen ist, zumal diese auch Auslandseinsätze operativer Art durchführt und in Afghanistan und in Kaschmir aktiv war und ist.

Zia hatte aber nicht nur die ISI herangezüchtet, sondern auch eine große Schar von *Taliban* (Schüler religiöser Schulen). Die von Zia wiedereingeführte islamische Steuer *Zakat* kam den islamischen Religionsschulen zugute, die aber dafür die Namen der bedürftigen Schüler, die in den Genuss dieser Förderung kommen sollten, einzeln auflisten mussten. Die Direktoren solcher Schulen fanden in den jungen afghanischen Flüchtlingen gute Rekruten für ihre Schulen. Zu allem Überfluss verfügte Zia auch noch die Gleichstellung der Grade dieser Schulen mit dem «weltlichen» Magistergrad. Die Absolventen dieser Schulen konnten aber im «weltlichen» Bereich kaum Stellungen finden. Einige wurden Armeegeistliche, aber die Anzahl solcher Stellen war natürlich begrenzt. Man kann daher den späteren Staat der Taliban in Afghanistan geradezu als eine große Arbeitsbeschaffungsmaßnahme bezeichnen. Die ISI half dabei nach Kräften und tat dabei Pakistan durchaus einen Dienst, zunächst einmal fanden die afghanischen Graduierten der pakistanischen Religionsschulen auf diese Weise Arbeit und Brot und drohten nicht den pakistanischen Staat zu sprengen, ferner verschafften sie der pakistanischen Armee eine strategische Tiefe, die ihr bisher gefehlt hatte.

Pakistan hat nur eine Breite von 400 bis 500 Kilometer; von der indischen Grenze bis Herat in West-Afghanistan sind es aber rund 1000 Kilometer. Nachdem die Amerikaner den *Taliban*-Staat zerschlagen haben, fehlt Pakistan diese strategische Tiefe wieder – und außerdem muss man für arbeitslose *Taliban* sorgen, die nach Pakistan geflüchtet sind. Kaschmir bietet da gute Einsatzmöglichkeiten. Dort sind auch bereits in den 1980er Jahren mit Hilfe der ISI viele «Glaubenskämpfer» eingesickert, die sich dort sehr unangenehm bemerkbar machten. Während mit den Kaschmiri-Rebellen mitunter Verhandlungen möglich waren, da für sie ja auch die Zukunft ihrer Familien auf dem Spiel stand, waren die «Zugereisten» in dieser Hinsicht völlig unbelastet und daher auch zu keinen Kompromissen bereit.

Die Implosion des sowjetischen Imperiums, die vom Rückzug aus Afghanistan im Frühjahr 1989 über den Fall der Berliner Mauer im November 1989 bis zur Auflösung der Sowjetunion 1991 verlief, war ein rasanter Prozess, der alle Zeitgenossen überraschte. Indien verlängerte im August 1991 übrigens noch den 1971 mit der Sowjetunion abgeschlossenen Freundschaftsvertrag um weitere zwanzig Jahre. In den Jahren zuvor war in Indien oft Kritik an diesem Vertrag geübt und die Ratsamkeit seiner Verlängerung in Zweifel gezogen worden. Schließlich hatte er 1971 nach der erfolgreichen indischen Intervention in Bangladesh seine Schuldigkeit getan. Aber wer wollte nicht mit Gorbatschow gut Freund sein? So wurde der Vertrag mit einem Staat verlängert, den es bald gar nicht mehr gab.

Der Kampf um den Siachen-Gletscher

Während in Kaschmir immer nur «Glaubenskämpfer» zum Einsatz kamen, die angeblich mit Pakistan gar nichts zu tun hatten, gab es im hohen Norden des Staates Jammu und Kaschmir auch eine Front, an der von vornherein nur reguläre pakistanische Truppen eingesetzt waren: der Siachen-Gletscher.

Es wurde bereits darauf hingewiesen, dass die sogenannte *Line of Control* in dieser unwirtlichen Gegend ungeklärt war. Pakistan beanspruchte den gesamten Siachen-Gletscher und Indien desgleichen. Bereits 1983 hatte die indische Armee bemerkt, dass pakistanische Truppen Stellungen bezogen, die den pakistanischen Anspruch in die Tat umsetzen sollten. Als Gegenmaßnahme hatten indische Truppen das Saltoro-Gebirge westlich des Gletschers

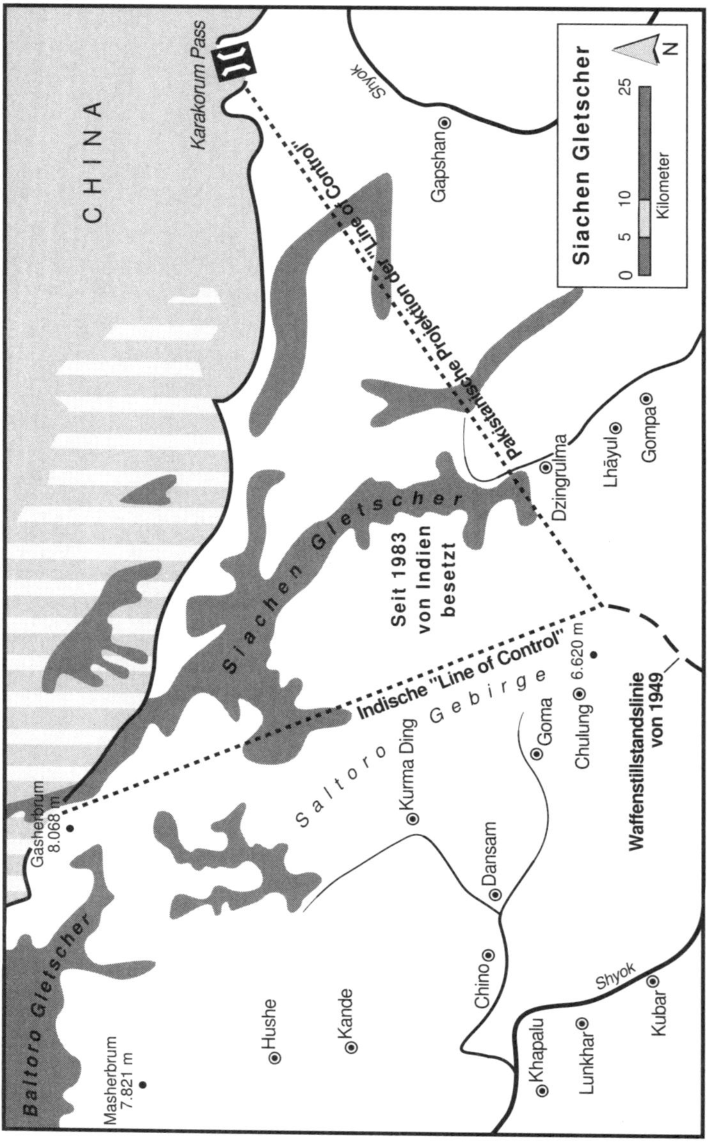

C H I N A
Karakorum Pass
Shyok
Gapshan
Siachen Gletscher
0 5 10 25
Kilometer
N
Pakistanische Projektion der "Line of Control"
Dzingrulma
Lhāyul
Gompa
Siachen Gletscher
Seit 1983 von Indien besetzt
Indische "Line of Control"
6.620 m
Chulung
Waffenstillstandslinie von 1949
Saltoro Gebirge
Goma
Kurma Ding
Gasherbrum 8.068 m
Dansam
Baltoro Gletscher
Chino
Shyok
Kubar
Masherbrum 7.821 m
Hushe
Kande
Khapalu
Lunkhar

besetzt. Ab 1984 fanden in dieser Gegend in über 5000 Meter Höhe in den Sommermonaten stets Kämpfe statt. Die eingesetzten Truppen mussten sich immer wieder akklimatisieren und wurden nach wenigen Wochen abgelöst, denn länger konnten sie dort nicht überleben. Die Nachschublinien mussten ausgebaut und verteidigt werden. Für die Pakistaner verlaufen diese Nachschublinien über Skardu nach Osten, für die Inder über Kargil nach Nordosten. Die indischen Nachschublinien sind verwundbarer, weil sie in der Nähe der *Line of Control* verlaufen.

An sich ist dies ein Konflikt, der im Rahmen des Simla-Abkommens in bilateralen Verhandlungen hätte gelöst werden können. Solche bilateralen Verhandlungen fanden denn auch in der Tat von 1986 bis 1992 in sechs mühevollen Runden statt, bis sie ergebnislos abgebrochen wurden. Das nationale Prestige stand hier auf dem Spiel. Benazir Bhutto ließ es sich nicht nehmen, in ihrer Amtsperiode als Premierministerin Pakistans 1989 persönlich an der Gletscherfront zu erscheinen. Der spätere pakistanische Präsident Musharraf war als Spezialist für Gebirgskriegsführung ebenfalls mit den Kämpfen an dieser Front vertraut. Die Kriegsführung in diesen eisigen Höhen ist eigentlich reiner Wahnsinn. Beide Staaten könnten sich große Kosten und Strapazen ersparen, wenn sie den Gletscher als Niemandsland sich selbst überließen. Aber es geht eben nicht um diesen Gletscher, sondern um den südlichen Zugang zum Karakorum-Pass – und dieses Problem hat bereits eine lange Geschichte.

In den Jahren 1959 bis 1962 hatte Indien den «Aksai-Chin» genannten Teil des Staates Jammu und Kaschmir an China verloren. Die Chinesen hatten zunächst unbemerkt Straßen durch dieses menschenleere Gebiet gebaut und diese in einer Art Salami-Taktik immer weiter nach Westen verlegt. Als die schleichende chinesische Invasion bekannt wurde, kam es im indischen Parlament zu heftigen Debatten, bei denen der jetzige indische Premierminister Vajpayee als feuriger junger Abgeordneter Nehru heftig kritisierte. Nehru versuchte abzuwiegeln. So sprach er in spöttischem Ton darüber, ob er vielleicht eine Volksabstimmung der Berggipfel anberaumen solle, aber er konnte auch in Zorn geraten und schrie das Parlament an, ob man etwa von ihm verlange, China deshalb den Krieg zu erklären.

Nach dem Grenzkrieg von 1962 herrschte eisiges Schweigen. Die Chinesen hatten die Positionen erreicht, um die es ihnen ging, die Inder wollten ihre Verluste nicht offen eingestehen. Also waren beide Seiten sich zumindest darin einig, dass man den Mund hielt. Es kam hinzu, dass China ein starkes strategisches Interesse an der Verbindung von Tibet nach Sinkiang über den Karakorum-Pass hat, Indien aber in dieser Gegend zunächst gar keine strategischen Interessen hatte. Das änderte sich aber, als Pakistan sich anschickte, sozusagen über den Karakorum-Pass seinem Bundesgenossen China die Hand zu reichen. In Erinnerung an das, was in Aksai-Chin geschehen war, beschloss man auf indischer Seite, diesmal den Anfängen zu wehren, als man bemerkte, dass die pakistanischen Truppen südlich des Karakorum von Westen nach Osten vorstießen. Es ist kaum zu erwarten, dass Indien hier nachgeben wird. Der kräftezehrende Dauerkrieg auf dem Gletscher wird daher wohl pünktlich in jedem Sommer wieder beginnen.

China schaut diesen Kämpfen der rivalisierenden Nachbarn gelassen zu. Nur in einer Hinsicht ist China keineswegs gleichgültig: Die Unabhängigkeit von Jammu und Kaschmir lehnt es ab. Vielleicht könnten dort Mächte Einfluss nehmen, die China nicht vor seiner Hintertür sehen möchte. Vor Indien und Pakistan fürchtet sich China nicht, aber wenn diese in Jammu und Kaschmir nichts mehr zu sagen hätten, sähe sich China eventuell dazu gezwungen, selbst dort zu intervenieren. Es kommt hinzu, dass China in Sinkiang die Uiguren unter Kontrolle halten muss, die auch Muslime sind und gegen die zunehmende Besiedlung ihres Heimatlandes durch Han-Chinesen protestieren. Auch diese Region gehört zu den Spannungsfeldern in und um Kaschmir.

6. Die Rebellion im Tal von Kaschmir

Die Landschaft des Terrors: Viele Ströme der Gewalt

Der Terror in Kaschmir wird oft einseitig auf den islamischen Fundamentalismus zurückgeführt. Ohne Zweifel hat dieser Fundamentalismus, über den später mehr gesagt werden soll, einen bedeutenden Einfluss auf viele junge Terroristen gehabt und sie dazu motiviert, ihr Leben aufs Spiel zu setzen. Aber es wäre falsch, ihn als alleiniges auslösendes Element zu betrachten. Viele Ströme der Gewalt fließen im Tal von Kaschmir zusammen. Der erste dieser Ströme, der in der *Jammu and Kashmir Liberation Front* (JKLF) Gestalt annahm, war gar nicht primär «islamisch» und auch nicht pro-pakistanisch, sondern hatte einen unabhängigen Staat zum Ziel. Dieses Ziel wurde weder von Pakistan noch von Indien gebilligt, und daher war diese Bewegung bereits sehr früh dazu verdammt, im «Untergrund» zu wirken, wobei freilich Pakistan sie aus taktischen Gründen unterstützte, da jeder als Bundesgenosse willkommen war, der die Integration des Staates in die indische Union verhindern wollte.

Die JKLF hieß zunächst *Kashmir Liberation Front* und wurde 1965 unter diesem Namen von Maqbool Bhatt und Major Amanullah Khan in Azad Kaschmir gegründet. Sie wollte einen säkularen, unabhängigen Staat ins Leben rufen, war aber von vornherein dazu bereit, dies unter Einsatz von Gewalt zu tun. Der algerische Freiheitskampf war dabei das Vorbild.

Maqbool Bhatt wurde als «Freiheitskämpfer» geradezu zur Legende. Er war 1938 im Bezirk Baramulla in Kaschmir geboren worden und wurde 1984 in New Delhi hingerichtet. Sein Todestag wird seither von seinen Gesinnungsgenossen in Kaschmir in jedem Jahr gefeiert. Er war schon als Schüler Mitglied der Jamaat-i-Islami, über die anschließend berichtet werden soll. Nach dem College-Studium in seiner Heimat ging er 1958 an die Universität

Peshawar in Pakistan. Er arbeitete als Journalist, war einige Zeit in Azad Kaschmir politisch aktiv und lernte schließlich in Peshawar Major Amanullah Khan kennen. Unter beider Führung infiltrierten junge Terroristen das Tal von Kaschmir und verübten dort Raubüberfälle, um ihre Organisation mit Geld zu versorgen. Maqbool Bhatt und einige seiner Komplizen wurden 1968 verhaftet. Er wurde zum Tode verurteilt, weil ihm mehrere Morde zur Last gelegt wurden. Es gelang ihm aber, aus dem Gefängnis zu entkommen und nach Pakistan zu fliehen. Man wurde erst wieder auf ihn aufmerksam, als junge Terroristen aus Kaschmir 1971 ein Flugzeug der Indian Airlines entführten, das dann in Lahore landen musste. Die Entführer wurden dort von Maqbool Bhatt begrüßt, der bekannte, die Entführung geplant zu haben. Einige Jahre blieb es still um ihn, dann wurde er 1976 in seinem Heimatort in Kaschmir verhaftet, wo er bei einem Überfall einen Bankangestellten ermordet hatte. Diesmal konnte er nicht entkommen, sondern wurde in einem Hochsicherheitsgefängnis in Delhi gefangengehalten.

Amanullah Khan war inzwischen nach England ausgewandert, lebte seit 1976 nahezu ein Jahrzehnt in Birmingham und hielt Verbindung mit einer militanten Vereinigung, die sich *Kashmir Liberation Army* nannte. Diese entführte 1984 den indischen Botschaftsrat Ravindra Mhatre und verlangte Lösegeld und die Freilassung von Häftlingen in Indien, darunter auch Maqbool Bhatt. Damit erreichte sie jedoch das Gegenteil. Maqbool Bhatt, der ja schon zweimal zum Tode verurteilt worden war, wurde nun umgehend hingerichtet. Mhatre war inzwischen von seinen Entführern ermordet worden.

Schon zuvor hatte Amanullah Khan zu erkunden versucht, ob es möglich war, eine Rebellion im Tal von Kaschmir anzustiften. Doch die jungen Emissäre, die er 1983 aus England dorthin entsandte, kamen mit der Nachricht zurück, das Tal von Kaschmir sei ruhig und man könne dort zur Zeit nichts ausrichten. Die indische Regierung verfolgte Amanullah Khans Aktivitäten und bat offensichtlich die britische Regierung, etwas gegen ihn zu unternehmen. Er wurde 1985 verhaftet, musste aber wieder entlassen werden, da man ihm nichts nachweisen konnte. Doch 1986 ordnete die britische Regierung seine Ausweisung an. Er ließ sich nun wieder in Pakistan nieder und rekrutierte 1987 vier junge Aktivisten, die aus dem Tal von Kaschmir nach Azad Kashmir kamen, um sich der JKLF anzuschließen. Unter ihnen war auch Yasin Malik, der bei den Wahlen von 1987 für die MUF tätig gewesen war und sich dann enttäuscht von der Demokratie abgewandt hatte. Malik stieg später zum Führer der JKLF auf und wurde zum Rivalen Amanullah Khans. Zunächst folgte er aber noch seinem Kommando und war wohl 1989 an der Entführung der Tochter des indischen Innenministers Sayeed beteiligt. Malik wurde 1990 verhaftet und bis 1994 gefangen gehalten.

In den frühen 1990er Jahren drohte Amanullah Khan mehrfach, mit seiner Gefolgschaft von *Azad Kaschmir* aus demonstrativ über die *Line of Control* ins Tal von Kaschmir vorzudringen, wurde aber von den Pakistanern zurückgehalten, die Indien keinen Grund zum Gegenschlag bieten wollten. Während Amanullah Khan auf diese Weise nie ins Tal von Kaschmir gelangte, machte ihm Yasin Malik bald den Rang streitig – nicht nur weil er «vor Ort» war, sondern auch weil er eine neue politische Linie verfolgte, die zur Spaltung der JKLF führte. Yasin Malik war 1994 von der indischen Regierung aus dem Gefängnis entlassen worden, weil sie Jammu und Kaschmir wieder auf den Weg der Demokratie führen wollte. Zwar boykottierte die JKLF weiterhin alle Wahlen, aber Yasin Malik setzte sich jetzt für gewaltfreie Methoden des Widerstands ein und zeigte auch Verhandlungsbereitschaft gegenüber der indischen Regierung. Seine Gefolgschaft wählte ihn 1995 zum Präsidenten der JKLF, Amanullah Khan beanspruchte dieses Amt ebenfalls. Er und Malik setzten sich gegenseitig ab, damit kam es auch zu einer Spaltung der JKLF im Ausland. Doch während die JKLF – zumindest im Tal von Kaschmir – Abschied vom Terrorismus nahm, taten ihre bisherigen Mitstreiter dies noch nicht.

Die primär islamisch geprägten Organisationen, die viel später den Weg zum Terrorismus begangen hatten als die JKLF, hielten nun viel länger an ihm fest. An erster Stelle ist hier die *Jamaat-i-Islami-i-Kashmir* (Islamische Vereinigung Kaschmirs) zu nennen, ein Ableger der von Maulana Maudoodi 1941 in Indien gegründeten Organisation, die dann in Pakistan besonders aktiv wurde. Die Jamaat verstand sich in erster Linie als eine politische Vereinigung, die sich der Errichtung eines islamischen Staates verpflichtet fühlte. Sie war selbst keine terroristische Vereinigung, doch ging aus ihr 1989 die *Hizbul-Mujahideen* (HUM) (Partei der Glaubenskämpfer im heiligen Krieg) hervor, die entschlossen ist, ihre Ziele mit Gewalt durchzusetzen. Man schätzt, dass sie im Tal von Kaschmir etwa 4000 bewaffnete Gefolgsleute hat. Der größte Teil der Terroranschläge in den 1990er Jahren geht auf ihr Konto. Sie verfolgte auch gezielt die Hindus im Tal von Kaschmir, was die JKLF aufgrund ihrer säkularen Einstellung nicht tat. Ferner schreckte sie nicht vor Anschlägen auf Muslime zurück, die ihr als «Verräter» galten. Dabei waren auch solche Leute unter ihren Opfern, die zuvor in vorderster Front des Kampfes für die «gerechte Sache» gestanden hatten. Die alte Regel, dass die Revolution ihre eigenen Kinder frisst, galt auch hier.

Die HUM ist pro-pakistanisch und wird von Pakistan tatkräftig unterstützt, ihre Anhänger sind jedoch weitgehend Kaschmiris, obwohl sie sicher auch Pakistaner und Afghanen aufnimmt. Es gesellten sich ihr aber in den 1990er Jahren weitere Organisationen hinzu, die in Kaschmir aktiv wurden, aber vorwiegend aus Pakistanern und Afghanen bestanden. In erster Linie ist hier die Harkat-ul-Ansar (Bewegung der Gefährten des Propheten) zu nennen, deren führender Kopf zur Zeit der Pakistaner Maulana Masood Azhar ist. Ihre Aktivisten kamen wohl hauptsächlich aus den Reihen der schon erwähnten arbeitslosen Glaubenskämpfer Afghanistans. Der stellvertretende Ministerpräsident Afghanistans, Maulana Arsalan Rahmani, wies in einer Rede im Dezember 1993 sogar ausdrücklich darauf hin, dass die afghanische Regierung die Vereinigung von Vorgängerorganisationen zu dieser schlagkräftigen neuen Organisation gefördert habe. Er meinte, sie habe rund 8000 Kämpfer in Kaschmir, die den Kampf der Kaschmiris «gegen die indische Besatzung» unterstützen.

Mohammed Masood Azhar stammt aus Bahawalpur in Pakistan. Er bestand seine Prüfung zum *alim* (= Gelehrter, Plural: *ulama*) 1989 und nahm dann an militärischen Übungen in Afghanistan teil. Später arbeitete er als Journalist in Karachi und reiste durch viele islamische Länder. Dabei nahm er wohl auch Kontakt zu Osama bin Laden auf. Er besorgte sich einen falschen portugiesischen Pass mit dem er Ende Januar über Bangladesh nach

Indien einreiste. Von New Delhi reiste er nach Kaschmir, wo er bereits zwei Wochen später verhaftet wurde, weil bekannt geworden war, dass er die Aktivitäten der *Harkat-ul-Ansar* dort koordinieren sollte. Er saß in Kaschmir im Gefängnis, bis er 1999 durch eine Flugzeugentführung freigepresst wurde, von der später noch die Rede sein soll.

Harkat-ul-Ansar blieb weiterhin in Kaschmir sehr aktiv und spezialisierte sich auf Entführungen und Bombenanschläge. Eine Unterorganisation, *Al Farhan*, entführte 1995 sechs junge Touristen, darunter ein Deutscher, Dirk Hasert, und ein Norweger, Hans Christian Ostro. Ostros enthauptete Leiche wurde einen Monat später auf der Straße gefunden. Von Hasert und den anderen fehlt seither jede Spur. Dass die Entführer der *Harkat-ul-Ansar* nahestanden, war daraus zu ersehen, dass die Gefangenen, die sie durch die Entführung freipressen wollten, dieser Organisation angehörten.

Die spektakulärste Aktion von *Harkat-ul-Ansar* bestand darin, dass eine Terroristengruppe unter Führung von «Major» Mast Gul sich 1995 in dem Heiligtum des Schutzpatrons von Kaschmir, Sheikh Nuruddin Noorani, in dem kleinen Ort Charar-e-Sharif verschanzte und eine längere Belagerung durch Truppen der indischen Armee aushielt. Der Mystiker Nuruddin Noorani, der im 13. Jahrhundert gelebt hat, verkörpert wie kein anderer die besondere Identität (*Kashmiriyat*) der Kaschmiris. Einheimische Terroristen wären wohl nie auf die Idee gekommen, gerade dieses Heiligtum zum Gegenstand eines Anschlags zu machen. Mast Gul wurde 1960 in Quetta, Pakistan, geboren. Auch seine Leute waren Afghanen und Pakistaner, für die Nuruddin Noorani keine Bedeutung hatte. Bei den Gefechten um das Heiligtum brannte es schließlich ab, und Mast Gul konnte mit den meisten seiner Komplizen entkommen. Frech und unverschämt gab er darauf sogar in Srinagar noch eine Pressekonferenz und machte sich über die indische Armee lustig, die ihn auch dort nicht fassen konnte. Bei seiner Rückkehr nach Pakistan wurde er als Sieger gefeiert.

Terroristen solcher Art, denen nichts heilig ist, müssen es wohl auch gewesen sein, die sich im Haus einer geflohenen hinduistischen Familie einquartiert hatten und dort ihr Unwesen trieben. Angehörige der Familie kamen kurz nach Srinagar zurück, um unter dem Schutz der Sicherheitskräfte einige Habseligkeiten aus dem Haus zu holen. Dort bot sich ihnen ein grausiger Anblick. Zwei halbnackte Mädchen lagen tot auf dem Boden. Überall lagen leere Whiskyflaschen herum. An den Wänden waren Blutspuren zu sehen. Aus dem Keller drang Gestank hervor. Er hatten den Terroristen als Gefängnis und Folterkammer gedient. Mehrere Bügeleisen waren dort offensichtlich als Folterinstrumente benutzt worden.

Die Infiltration pakistanischer und afghanischer Terroristen nahm immer mehr zu. Neben der *Harkat-ul-Ansar* ist hier eine weitere Organisation zu erwähnen, die erst 1993 in Pakistan gegründet worden war und bald weite Kreise zog: *Lashkar-i-Taiba* (Heer der Reinen). Sie ist der militante Arm der fundamentalistischen Reformbewegung *Ahl-i-Hadith*, die bereits im 19. Jahrhundert in Indien entstanden war. Sie bekämpfte den Heiligenkult, der im indischen Islam von so großer Bedeutung ist, und blieb daher lange Zeit eine marginale Sekte. Als Präsident Zia in Pakistan den Aufbau des islamischen Bildungswesens vorantrieb, fand er in den Gelehrten der *Ahl-i-Hadith* begeisterte Bundesgenossen. Sie kamen erst jetzt richtig zum Zuge und errichteten 1986 in Muridke bei Lahore ein großes Bildungszentrum, von dem später noch die Rede sein wird. Auch Osama bin Laden soll zu den Stiftern gehört haben, die dieses Bildungszentrum großzügig unterstützten. Lehrer aus Saudi-Arabien wurden dort eingestellt und den Schülern Stipendien zum Studium an arabischen Universitäten gewährt. Den jungen afghanischen Flüchtlingen wurde in Muridke besondere Aufmerksamkeit geschenkt. Man kann sagen, dass die *Taliban* hier geradezu gezüchtet wurden. In diesem Umfeld entstand die *Lashkar-i-Taiba*, die bald auch in Kaschmir aktiv wurde und für das pakistanisch-afghanische Netzwerk besonders bedeutsam war.

Neben den genannten Gruppen gab es noch viele kleine mit allerlei interessanten Namen, wie z.B. *Allah Tigers*, die aber oft nur von einem Anführer gegründet worden waren und rasch in Vergessenheit gerieten, wenn dieser verhaftet wurde. Solange der Boden im Tal von Kaschmir für das Wachstum der Terroristen günstig war, kam es immer wieder zu Neugründungen solcher Gruppen. Eine genaue Bestandsaufnahme ist schon deshalb schwierig, weil terroristische Organisationen häufig ihre Namen ändern. Sobald sie in irgendeiner offiziellen Liste erfasst sind, wechseln sie ihren Namen wie das Chamäleon die Farbe. Die Poesie des fundamentalistischen Terrors bietet eine reiche Auswahl an passenden Namen, man denke nur an Maulana Masood Azhars *Harkat-ul-Ansar*, die 1996 von den Amerikanern auf eine «Schwarze Liste» gesetzt wurde und bald darauf unter dem neuen Namen *Jaish-e-Mohammed* (Armee Mohammeds) wieder auftauchte und spektakuläre Anschläge verübte, über die später berichtet werden soll.

Im Tal von Kaschmir gewann jedoch in den späten 1990er Jahren eine Organisation der «außerparlamentarischen Opposition» immer größere Bedeutung, die sich im Februar 1993 unter der Bezeichung *All Parties Hurriyat Conference* (APHC) unter dem Präsidium des jungen Mirwaiz Omar Farooq zusammengefunden hatte. «Hurriyat» bedeutet Freiheit, und dieser Begriff konnte von jeder der an diesem Forum beteiligten Gruppen in ihrem eigenen Sinne gedeutet werden. Die stärkste Gruppe innerhalb der APHC war die *Jamaat-i-Islami*, deren Führer Syed Ali Shah Gilani dann auch 1997 Omar Farooq als Präsident der APHC ablöste. Ferner spielte der aufrechte politische Veteran Abdul Ghani Lone eine bedeutende Rolle in der APHC, obwohl seine eigene Organisation *(People's Conference)* nicht zu den größten Gruppen gehörte. Yasin Malik von der JKLF war natürlich auch dabei und machte seinen Einfluss geltend. Ohne die Militanz grundsätzlich aufzugeben, zeigte sich die APHC zusehends verhandlungsbereiter, blieb aber nach wie vor beim Wahlboykott und konnte daher auch keine demokratische Legitimation vorweisen. Die größten Schwierigkeiten würde es für sie geben, wenn es tatsächlich zu konkreten Verhandlungen käme und sich die Widersprüche in den eigenen Reihen offenbaren. Dann wird man sich schnell gegenseitig des «Verrats» bezichtigen. Was das bedeuten kann, haben im Laufe der Zeit bereits einige dramatische Morde an vermeintlichen «Verrätern» gezeigt.

Die Opfer aus den eigenen Reihen

Je intensiver der Terror im Tal von Kaschmir wurde, umso mehr richtete er sich auch gegen prominente Muslime aus den eigenen Reihen. Gleich zu Beginn der grausamsten Phase der Rebellion im Tal von Kaschmir wurde 1990 der Mirwaiz Mohammed Farooq ermordet, dessen junger Sohn Omar Farooq zur Zeit einer der bedeutendsten Muslim-Führer Kaschmirs ist. Der Mirwaiz (Hauptprediger) ist ein religiöser Lehrer, dessen Amt in der Familie erblich ist. Das Amtscharisma des Mirwaiz sichert ihm eine beträchtliche Gefolgschaft, die auch politisch seinen Anordnungen folgt. Mohammed Farooq hatte das Amt von seinem Onkel Yusuf Shah geerbt, der bereits in den 1930er Jahren mit Sheikh Abdullah zusammengestoßen war, stets für Pakistan Partei ergriffen hatte und dann auch dorthin ausgewandert war. Auch Mohammed Farooq galt als Freund Pakistans, hatte es aber verstanden, die Stellung in Srinagar zu halten und sich mit den jeweils Mächtigen zu arrangieren. Mit Farooq Abdullah kam er sogar besonders gut aus, und für eine Zeit sprach der Volksmund vom «doppelten Farooq». Nach Farooq Abdullahs Rücktritt wurde es auch für den Mirwaiz kritisch. Er ließ die Regierung von Jammu und Kaschmir durch Mittelsmänner wissen, er wolle gern verhaftet und in das Gefängnis verbracht werden, in dem auch Sheikh Abdullah seinerzeit gefangen gehalten worden war. In diesem Spezialgefängnis hätte nicht die Gefahr bestanden, dass er von Mitgefangenen ermordet worden wäre. Außerdem hätte eine solche Gefangenschaft natürlich den Ruhm des Mirwaiz vermehrt. Leider tat ihm die Regierung diesen Gefallen nicht. Sie hätte es besser tun sollen, denn bald darauf drangen Terroristen in das Haus des Mirwaiz ein und ermordeten ihn.

Die Anhänger des Mirwaiz begleiteten den Sarg in einer großen Prozession zum Grab. Dabei gab es natürlich Gelegenheit zu Auseinandersetzungen zwischen Freunden und Feinden des Mirwaiz – und natürlich auch mit den Sicherheitskräften, die die Straße säumten. Schließlich kam es zu einer Schießerei, bei der der Sarg des Mirwaiz von Kugeln durchsiebt wurde und zwanzig Menschen auf der Strecke blieben; noch mehr starben später an ihren Wunden. Die Volkswut richetete sich natürlich gegen die

Sicherheitskräfte. Die Entweihung des Sarges des Mirwaiz wurde nun fast mehr betrauert als sein Tod. Die Mörder wurden im allgemeinen Aufruhr fast vergessen.

Hätte Gouverneur Jagmohan mehr politisches Fingerspitzengefühl gehabt, so hätte er dafür gesorgt, dass die Sicherheitskräfte der Prozession nicht zu nahe kommen. Nun musste er sich die politische Verantwortung für die Schießerei zuweisen lassen. Die indische Regierung löste ihn ab und entsandte Girish Saxena als Gouverneur nach Srinagar.

Ein ebenso prominenter Geistlicher wie der Mirwaiz war Maulana Mohammed Masoodi, der wenige Monate später ebenfalls den Schüssen der Terroristen zum Opfer fiel. Masoodi war ein hochgebildeter Gelehrter, der in weiten Kreisen Kaschmirs Achtung und Ansehen genoss. Deshalb wurde er auch immer wieder in verschiedene politische Strömungen hineingezogen, in denen er sich aber eher als graue Eminenz denn als charismatischer Führer bewährte. Er war ein Altersgenosse Sheikh Abdullahs und hatte mit ihm lange Zeit in der *National Conference* eng zusammengearbeitet. In den 1950er Jahren war er sogar Generalsekretär dieser Partei gewesen, verlor aber dann in den innerparteilichen Flügelkämpfen seinen Einfluss. Später trat er mit einer eigenen Organisation, der *Plebiscite Front* (Volksabstimmungsfront) hervor. Als 1977 die *Janata Party* die indische Regierung bildete und nach einem Landesvorsitzenden für Jammu und Kaschmir suchte, bemühte sie sich auch um Masoodi, der diese Aufgabe schließlich übernahm. Bei den Wahlen von 1977 trat die *Janata Party* gegen Sheikh Abdullahs *National Conference* an und errang nahezu ein Viertel der Stimmen, erhielt dafür aber nur 13 Sitze, während die *National Conference*, die weniger als die Hälfte der Stimmen erhielt, 47 Sitze bekam. Eigentlich hätte sich Masoodi nun als Oppositionsführer im parlamentarischen Duell mit seinem alten Weggefährten Sheikh Abdullah bewähren müssen, aber das überließ er anderen. Er blieb wie immer im Hintergrund, hatte aber weiterhin großen Einfluss auf die Politik in Jammu und Kaschmir. Den Terroristen behagte das nicht. Sie erschossen ihn im Dezember 1990 im Krankenbett. Er war 88 Jahre alt und schon längere Zeit bettlägerig. Seine Ermordung erregte weniger öffentliche Aufmerksamkeit als die des Mirwaiz, aber sie bestätigte erneut, dass die Terroristen bereit waren, über Leichen zu gehen, auch wenn es sich bei ihren Opfern um geachtete islamische Geistliche handelte.

Ein weiteres Opfer dieser Art war der islamische Theologe Dr. Qazi Nissar Ahmed. Auch sein Fall ist bezeichnend für die Art und Weise, in der Führer, die für einige Zeit an vorderster Front standen, wenige Jahre später von den Terroristen exekutiert wurden, für deren «gerechte Sache» sie sich eingesetzt hatten. Dr. Ahmed hatte an der berühmten Al-Azhar-Universität in Kairo Theologie studiert und dann an der Universität in Srinagar gelehrt. Er war mit dem Kongresspolitiker Sayeed verwandt, von dem schon die Rede war. Dieser hatte ihn wohl gegen Sheikh Abdullah eingenommen, wofür Abdullah sich damit gerächt haben soll, dass er Ahmeds Entlassung von seinem Universitätsposten bewirkte. Ahmed wurde bald darauf Imam der Moschee von Anantnag, gründete eine eigene politische Organisation *Umat-e-Islami* (= Islamische Gemeinschaft) und predigte ausgesprochen «fundamentalistische» Lehren. So lehnte er unter anderem auch die Geburtenkontrolle als unislamisch ab. Man nannte ihn den «Khomeini von Kaschmir», und er erregte große Aufmerksamkeit als er 1987 die Gründung der *Muslim United Front* (MUF) betrieb. Er hatte offenbar den Hass auf Sheikh Abdullah auch auf Farooq Abdullah übertragen.

An sich hätte man erwarten können, dass ein solcher Fundamentalist reinsten Wassers von den Terroristen geradezu verehrt würde und keiner ihm auch nur ein Haar krümmen könne. Doch vermutlich vertraute Dr. Ahmed selbst allzusehr auf das Ansehen, das er bei den Terroristen genoss, und versuchte zu vermitteln, als es darum ging, den Sohn eines ausländischen Journalisten zu retten, den die Terroristen entführt hatten. Doch die Terroristen begrüßten diesen Vermittlungsversuch nicht. Im Juli 1995 wurde Dr. Ahmed von ihnen erschossen.

War bisher von drei religiösen Führern die Rede, die den Terroristen zum Opfer fielen, so soll abschließend noch ein prominentes Opfer unter den «normalen» Politikern Kaschmirs vorgestellt werden: Abdul Ghani Lone. Er war in seinen jungen Jahren Mitglied der Kongresspartei und in dieser Eigenschaft Erziehungsminister von Jammu und Kaschmir gewesen. Er hatte sich zunächst nicht gegen den Anschluss des Staates an Indien gewandt. Im Laufe der Jahre war er aber immer radikaler geworden. Zur Zeit der Regierung Sheikh Abdullahs war er Oppositionsführer im Landtag gewesen und hatte das Notstandsgesetz (Public Safety Act), das 1978 verabschiedet wurde, als «schwarzes Gesetz» verurteilt. Im Jahr 1978 hatte er auch seine eigene Partei gegründet, die er im Gegensatz zur *National Conference* Sheikh Abdullahs *People's Conference* nannte. Bei den Wahlen von 1987 war seine Partei als Mitglied der *Muslim United Front* (MUF) angetreten. Er konnte keinen Sitz erringen und hatte eine Verfassungsklage wegen Wahlfälschung erhoben. Nun gehörte er zur «außerparlamentarischen Opposition» und zeigte Verständnis für die jungen Leute, die sich enttäuscht von der Demokratie abwandten und Terroristen wurden.

Trotz seines aktiven Einsatzes auf der «richtigen» Seite hatten die Terroristen wenige Jahre später seine Tochter, eine Rechtsanwältin, entführt, mussten sie aber bald wieder freilassen, weil diese Tat einen Aufschrei des Protests im Tal von Kaschmir zur Folge hatte. Nach der Gründung der bereits erwähnten Hurriyat-Konferenz, zu deren Führern Lone gehörte, trat er immer wieder als Sprecher dieser Organisation auf. So verkündete er 1994 deren Beschluss, die von der indischen Regierung geplanten Wahlen in Jammu und Kaschmir zu boykottieren. Er saß mehrfach im Gefängnis, so auch 1994, als er auf persönliche Intervention des indischen Premierministers P.V. Narasimha Rao freigelassen wurde.

In jüngster Zeit trat er als «Gemäßigter» in der Hurriyat-Konferenz auf, in der er zusammen mit dem jungen Mirwaiz Omar Farooq weiterhin eine führende Rolle spielte. Er betonte die Bereitschaft dieser Organisation, auch ohne Einbeziehung Pakistans mit der indischen Regierung zu verhandeln. Vermutlich hatte er damit sein eigenes Todesurteil gesprochen. Am 21. Mai 2002, zur Zeit des Besuchs des indischen Premierministers Vajpayee in Kaschmir, wurde Abdul Ghani Lone von Terroristen erschossen.

Die Ohnmacht der Sicherheitskräfte

In dieser Atmosphäre des mörderischen Terrors hatten die indischen Sicherheitskräfte, die in immer größerer Zahl in Kaschmir eingesetzt wurden, einen schweren Stand. Die indische Armee hatte gerade in Sri Lanka erleben müssen, wie hilflos reguläre Truppen gegenüber einheimischen Guerillas sind. Als Rajiv Gandhi 1987 die Aufforderung des Präsidenten Jayewardene annahm, Truppen nach Sri Lanka zu entsenden, um dort die *Tamil Tigers* zu entwaffnen, hatte er sich das sehr leicht vorgestellt und nur 5000 Mann geschickt, die aber gar nichts ausrichten konnten. Im Laufe der folgenden Jahre wurden immer mehr Truppen entsandt, bis eine Besatzungstruppe von rund 50000 Mann in Sri Lanka stationiert war. Auch dieser massive Einsatz hatte keinen Erfolg. Außerdem machten sich die indischen Truppen als Besatzungsmacht nicht gerade beliebt. Präsident Premadasa, der sich an die Vereinbarung seines Vorgängers mit Rajiv Gandhi nicht gebunden fühlte, widerrief die Einladung der indischen Truppen, die damit kein Mandat mehr in Sri Lanka hatten. Nach der Wahlniederlage Rajiv Gandhis konnte die neue indische Regierung unter Premierminister Singh, die ja nicht für die Entsendung verantwortlich war, die Truppen wieder abziehen. Die *Tamil Tigers* nahmen die Bedrohung durch die indischen Truppen immerhin so ernst, dass sie Rajiv Gandhi «vorbeugend» ermordeten, ehe er wieder an die Macht kommen und dann vielleicht wieder in Sri Lanka intervenieren konnte.

Die Erfahrung in Sri Lanka hatte die indische Regierung gelehrt, dass reguläre Truppen für den Einsatz gegen Rebellen und Guerillas nicht gut geeignet sind. Sie sind für den Kampf gegen einen sichtbaren Feind, der ihnen auf dem Schlachtfeld entgegentritt, ausgebildet und nicht für die Bekämpfung innerer Unruhen (counterinsurgency). Deshalb wurden nun in Kaschmir neben der Armee in erster Linie paramilitärische Sicherheitskräfte und bewaffnete Polizeitruppen eingesetzt. Die «nationalen Schützen» (*Rashtriya Rifles*) wurden sogar erst 1990 ins Leben gerufen und speziell in Kaschmir eingesetzt. Zunächst hatten sie eine Stärke von 10000 Mann, ihre Zahl wurde in den folgenden Jahren vermehrt. Ihr Vorbild waren die *Assam Rifles,* eine Truppe, die die

Briten bereits im 19. Jahrhundert geschaffen hatten, um in den unruhigen Gebieten des Nordostens Aufstände niederzuschlagen.

Die bewaffneten Polizeitruppen gehören zwei verschiedenen Organisationen an, die jeweils ihre eigene Geschichte haben. Die ältere Organisation ist die zentrale Polizei (*Central Reserve Police*), die die Briten bereits 1939 gegründet hatten, um sie gezielt zur Unterdrückung innerer Unruhen einsetzen zu können. Die jüngere, größere und weit besser ausgerüstete Organisation ist der Bundesgrenzschutz (*Border Security Force*), der erst 1965 gegründet wurde. Er hat eine Mannschaftsstärke von rund 170000 und verfügt über schwere Waffen, Panzerfahrzeuge und Transportflugzeuge. Er untersteht wie die zentrale Polizei dem Bundesinnenministerium.

Seit 1985 hat Indien auch noch eine ganz besondere Truppe, die Nationale Sicherheitswache *(National Security Guard)*, die wegen ihrer schwarzen Uniformen den Spitznamen «Schwarze Katzen» hat. Vermutlich wurde sie gegründet, weil der Armeeeinsatz zur Erstürmung des Goldenen Tempels der Sikhs in Amritsar 1984 zu blutigen Verlusten und allgemeiner Empörung geführt hatte und man nach Alternativen suchte, falls dergleichen wieder vorkommen sollte. In der Tat besetzten Sikh-Extremisten 1988 erneut den Goldenen Tempel, wurden aber von den «Schwarzen Katzen» so rasch überwältigt, dass niemand dabei getötet wurde. Bei einer Gesamtstärke von ca. 7500 Spezialisten, die aus Heer und Polizei für diese Aufgabe rekrutiert werden, ist diese Sicherheitswache natürlich nicht für Großeinsätze gedacht. In jüngster Zeit ist sie haupsächlich für den Personenschutz der Regierungsmitglieder eingesetzt worden. Nach Kaschmir wurden nur ganz wenige «Schwarze Katzen» entsandt, obwohl es auch dort Vorfälle gab, bei denen sie von Nutzen hätten sein können, so zum Beispiel in Charar-e-Sharif, als Mast Gul dort das Heiligtum besetzt und dann die indische Armee an der Nase herumgeführt hatte. Die «Schwarzen Katzen» hätten hier ebenso eingesetzt werden können wie im «Goldenen Tempel», aber sie waren gar nicht angefordert worden.

Alle anderen Sicherheitskräfte wurden in den 1990er Jahren in immer größerer Zahl in Kaschmir eingesetzt, wobei die Koordination des Einsatzes nicht immer leicht war. Es kam hinzu, dass die Landespolizei von Jammu und Kaschmir nur ungern mit den von der indischen Regierung entsandten Sicherheitskräften zusammenarbeitete. Das mag auf Rivalitäten beruhen, die auch in anderen Ländern gut bekannt sind. In Kaschmir hatte es aber wohl auch noch den besonderen Grund, dass die Landespolizei natürlich auf vielfältige Weise Kontakt mit den Terroristen hatte und Racheakten besonders ausgesetzt war. Wie sich das in der Praxis auswirken konnte, zeigte ein Erlebnis aus dem Alltag der Terroristenbekämpfung. Ein Offizier der zentralen Polizei war von einem Terroristen angeschossen worden; einer seiner Leute, der ihn retten wollte, hielt einen Jeep der Landespolizei an, um den Offizier ins Krankenhaus bringen zu lassen. Doch der Fahrer des Jeeps gab Gas und entzog sich der Pflicht zur Hilfeleistung.

Unter solchen Umständen war die Stimmung der Sicherheitskräfte natürlich nicht sehr gut. Sie fühlten sich oft frustiert. Wenn sie provoziert wurden, kam es manchmal zu Schießereien, durch die die Spannungen noch verstärkt wurden. Dadurch wiederum fühlte sich die Führung der Sicherheitskräfte dazu veranlasst, strikte Anweisungen zu geben, dass nur zurückgeschossen werden durfte, wenn die Terroristen zuerst das Feuer eröffnet hatten. Die Befolgung dieser Anweisungen konnte wiederum zu Vorfällen führen, die die Ohnmacht der Sicherheitskräfte demonstrierten. So geschah es, dass ein Terrorist auf offener Straße einen Postboten beschimpfte und dann mit der Waffe bedrohte. Der Postbote wehrte sich mit seinen bloßen Händen. Andere Terroristen kamen hinzu. Der Postbote wurde erschossen, während in der Nähe Sicherheitskräfte buchstäblich «Gewehr bei Fuß» standen und nicht eingriffen. Ein Passant, der alles mitangesehen hatte, fragte später bei den Sicherheitskräften nach, warum sie den Mord nicht verhindert hatten, und erhielt zur Antwort, dass der Terrorist nicht auf sie geschossen habe, nur dann hätten sie eingreifen dürfen. Die Terroristen wussten das und konnten so ihr «Geschäft» unter den Augen der Sicherheitskräfte erledigen, ohne behelligt zu werden.

Waren aber Terroristen verhaftet und ins Gefängnis gebracht worden, dann rächten sich die Sicherheitskräfte nicht selten an ihnen. Häftlinge wurden gefoltert und oft auch getötet. «Tod im Gewahrsam» (death in custody) war eine häufige Todesursache.

Diese Brutalisierung der Sicherheitsmaßnahmen trug nicht zur Bewältigung der Rebellion bei, sondern stachelte nur den Zorn der Terroristen an, die dann darauf aus waren, ihre Gefährten zu rächen.

Die Ohnmacht der Sicherheitskräfte wurde umso deutlicher, je mehr militärisch trainierte Terroristen über die Grenze kamen – seien es Pakistaner und Afghanen oder junge Kaschmiris, die in den vielen Trainingslagern gleich hinter der *Line of Control* ausgebildet wurden. Das gebirgige Terrain ist so unüberschaubar, dass die Infiltration praktisch nicht verhindert werden konnte. Ein «eiserner Vorhang» ließ sich dort auch nicht errichten. Ein Angriff auf die Trainingslager hätte aber sofort einen Krieg mit Pakistan ausgelöst. Die Alternative, die Grenze mit Hubschraubern zu kontrollieren und jeden abzuschießen, der dort auftaucht, hätte einen internationalen Aufschrei des Entsetzens hervorgerufen. So waren den Sicherheitskräften in vieler Hinsicht die Hände gebunden. Außerdem warteten sie oft vergeblich auf klare Anweisungen von der indischen Regierung, die zwischen hartem Durchgreifen und Beschwichtigung hin und her schwankte.

Die Schwäche der indischen Regierungen

Die Jahre nach 1989 waren eine Zeit schwacher indischer Regierungen, die stets um ihr Überleben bangen mussten und daher das Kaschmir-Problem nur nebenbei im Auge behalten konnten. Sie reagierten oft sehr kurzfristig – und kurzsichtig – auf gerade anstehende Fragen und waren froh, wenn irgendeine «Lösung» gefunden wurde, die zumindest vorübergehend Ruhe und Frieden zu erhalten schien. Das erklärt auch, warum Dr. Farooq Abdullah, der sich schon bald nachdem er seinen Vater «beerbt» hatte, nicht gerade als fähiger Regierungschef erwies, von einem indischen Premierminister nach dem anderen – über alle Parteigrenzen hinweg – immer wieder unterstützt wurde. Inmitten einer Landschaft des Terrors wurde er zum politischen Überlebenskünstler schlechthin.

Als Rajiv Gandhi 1989 die Parlamentswahlen verlor, endete das «Kongress-System», das mit nur dreijähriger Unterbrechung seit der Erlangung der Unabhängigkeit die politische Szene Indiens dominiert hatte. Dieses «System» hatte seine Stabilität zwei Faktoren zu verdanken. Da war einerseits das Erbe der von Mahatma Gandhi im Freiheitskampf geschaffenen Parteiorganisation mit ihren Kadern überall im Lande, und andererseits die Wirkung des Mehrheitswahlrechts, das in Indien eben nicht zu einem Zweiparteiensystem führte, sondern eine demokratisch legitimierte Einparteiherrschaft produzierte. Die Kongresspartei als Partei der Mitte gewann alle Dreieckswahlkämpfe, bei denen sich rechte und linke Opposition neutralisierten. Aufgrund dieser Erfahrung war die Kongresspartei jeglicher Koalitionsbildung abgeneigt. Sie blieb es auch, als sie nach der Niederlage von 1989 immer noch die stärkste Partei war und mit einigem Geschick eine machterhaltende Koalitionspolitik hätte betreiben können.

In dieser Situation begann nun eine Periode geduldeter Minderheitsregierungen. Diese Periode war auch durch eine neue politische Artikulation des sozialen Wandels gekennzeichnet. Im «Kongress-System» hatte sich dieser Wandel allmählich vollzogen und hatte die Parteienlandschaft nicht wesentlich geändert. Als Vishwanath Pratap Singh, der zunächst ein Weggefährte Rajiv Gandhis war, dann aber sein Hauptgegner wurde, die Wahlniederlage der Kongresspartei vorbereitete, tat er das in erster Linie, indem er die Kräfte des Hindu-Nationalismus, vertreten durch die *Bharatiya Janata Party* (BJP) (= Indische Volkspartei), durch eine Wahlallianz entscheidend förderte, ohne aber mit dieser Partei eine Koalition eingehen zu wollen. Er ließ seine Minderheitsregierung von der BJP nur «von außen» unterstützen. Dann leitete er eine Politik ein, mit der er die soziale Basis seiner Macht zu erweitern trachtete, indem er den unteren Kasten zusätzliche gesetzlich festgelegte Quoten im öffentlichen Dienst einräumte, so dass diese und die schon zuvor begünstigten «Unberührbaren» rund die Hälfte der Stellen innehaben sollten. Das wiederum musste die Wählerschaft der BJP treffen, die meist zu den höheren Kasten gehörte, die nun ihre Chancen schwinden sahen. Die Führer der BJP waren klug genug, nicht offen gegen diese Politik zu protestieren, schließlich wollten sie potentielle Wähler aus den Reihen der auf diese Weise Begünstigten nicht vor den Kopf stoßen. Statt dessen betonte die BJP die Solidarität aller Hindus. Ihr Parteiführer Lal Advani inszenierte eine große Prozession quer durch Indien, die er später selbst mit Gandhis berühmtem Salzmarsch verglich.

Advanis Prozession hatte die Moschee von Ayodhya zum Ziel, die – so glauben viele Hindus – über einem von den Muslimen zerstörten Tempel errichtet worden ist, der dem Gottkönig Rama geweiht war, der hier geboren worden sein soll. Als die gewaltige Prozession im Oktober 1990 kurz vor Ayodhya angekommen war, sah sich Premierminister Singh zum Handeln gezwungen. Er musste befürchten, dass Advanis Gefolgschaft die Moschee zerstören wollte und ließ Advani verhaften. Damit hatte er natürlich auch der Duldung seiner Minderheitsregierung durch die BJP ein Ende bereitet. Es folgte eine noch mindere Minderheitsregierung unter dem Premierminister Chandrashekar, diesmal geduldet von der Kongresspartei, die diese Duldung im April 1991 beendete. In dem darauf folgenden Wahlkampf wurde Rajiv Gandhi im Mai 1991 ermordet.

Die Kongresspartei errang einen beachtlichen Wahlerfolg, hatte aber nicht die Mehrheit der Sitze im Parlament. Da sie noch immer nicht dazu bereit war, einen Koalitionspartner zu suchen, musste sie nun ihrerseits eine Minderheitsregierung bilden. Der Parteiveteran P.V. Narasimha Rao wurde Premierminister und musste gleich ein Problem bewältigen, dass seine volle Aufmerksamkeit erforderte: Indien stand aufgrund eines Zahlungsbilanzdefizits unmittelbar vor dem Staatsbankrott. Weltwährungsfond und Weltbank waren zur Hilfe bereit. Sie stellten die üblichen Bedingungen: Währungsabwertung und «Strukturanpassung». Der neue Finanzminister, Dr. Manmohan Singh, der Indien zuvor in diesen Organisationen vertreten hatte, wusste, was erwartet wurde. Er trat die Flucht nach vorn an und wertete nicht nur die Währung ab, sondern liberalisierte die indische Wirtschaft. Noch nie hatte Indien, das sich jahrzehntelang vom Weltmarkt abgeschottet hatte, in so kurzer Zeit eine so entscheidende politische Wende vollzogen.

In dieser Zeit des dramatischen Umbruchs der indischen Politik vom November 1989 bis Ende 1991 begann die Rebellion im Tal von Kaschmir und erreichte ihren ersten Höhepunkt. Es ist verständlich, dass die indische Regierung in diesen zwei Jahren kaum daran denken konnte, was in Kaschmir zu tun sei. Dann ging auch noch V.P. Singhs kühne Geste, einen Muslim aus Kaschmir zum Innenminister Indiens zu ernennen, sozusagen «ins Auge». Seine Reaktion darauf, Jagmohan nochmals als Gouverneur nach Kaschmir zu entsenden, endete ebenfalls mit einem Debakel. Die Förderung des Hindu-Nationalismus, die V.P. Singh nur aus wahltaktischen Gründen betrieben hatte, brach ihm schließlich selbst das Genick. Der Hindu-Nationalismus wiederum, der durch die Herausforderung des islamischen Fundamentalismus einen wesentlichen Anstoß bekommen hatte, wirkte nun seinerseits auf diesen Fundamentalismus zurück – insbesondere im Tal von Kaschmir. Diese Wirkung wurde noch größer, als im Dezember 1992 das geschah, was V.P. Singh 1990 durch die Verhaftung Advanis gerade noch verhindern konnte: Hindus machten die Moschee von Ayodhya dem Erdboden gleich. Advani, der dabei zugegen gewesen war, übernahm die Verantwortung für diese Tat. Premierminister Narasimha Rao nutzte das Instrument der *President's Rule* um gleich vier Landesregierungen der BJP ihres Amtes zu entheben. Eigentlich hätte es genügt, nur die für Ayodhya unmittelbar zuständige Landesregierung von Uttar Pradesh zu entlassen. Narasimha Raos Maßnahme schien eine Überreaktion zu sein, die sich bei den nun erforderlichen Neuwahlen in den vier Bundesländern rächen musste. Aber bei diesen Wahlen erlitt die BJP im November 1993 empfindliche Verluste, weil die Mehrzahl ihrer Wähler aus den besitzenden Schichten stammt und keinen Aufruhr wünscht.

In Mumbai (Bombay) hatten radikale Muslime mit Sprengstoffattentaten auf die Zerstörung der Moschee reagiert. Von radikalen Hindus konnte man zu dieser Zeit hören, man solle doch alle Muslime von Indien nach Pakistan vertreiben, da dieser Staat doch schließlich für sie gegründet worden sei. Da aber etwa ebensoviel Muslime in Indien wie in Pakistan leben, wäre eine solche Vertreibung natürlich undenkbar. Indische Muslime wurden durch solche Drohungen verunsichert. Die pro-pakistanischen Sezessionisten in Kaschmir konnten die Drohungen dagegen als Bestätigung ihrer Bestrebungen betrachten.

Zur Jahreswende 1993/94 sah sich Premierminister Narasimha Rao durch «Überläufer» gestärkt. Er hatte nun eine Mehrheit im Parlament, die Zeit der Minderheitsregierungen schien vorbei zu sein. Nun konnte er sich dem Kaschmir-Problem zuwenden und Neuwahlen anstreben, um endlich der Demokratie dort wieder zu einem neuen Leben zu verhelfen. Die «außerparlamentarische Opposition» dort aber sah das anders, weil sie befürchtete, dass die Kongresspartei mit der *National Conference* nur eine Neuauflage der «Großen Koalition» von 1987 im Sinn hatte, mit der damals die Demokratie zu Grabe getragen worden war. Abdul Ghani Lone kündigte 1994 im Namen der Opposition einen Wahlboykott an. Terroristen raubten die Wählerlisten und verbrannten sie. So torpedierten sie zunächst einmal die Pläne der indischen Regierung.

Trotz dieser Rückschläge wurden 1996 dann doch Wahlen abgehalten, und zwar im Mai 1996 zum ersten Mal seit langer Zeit Wahlen für das indische Parlament in Jammu und Kaschmir, an denen sich freilich nur die Kongresspartei und die BJP beteiligten. Sogar Farooq Abdullahs *National Conference* boykottierte diese Wahlen. Doch als im Herbst 1996 Landtagswahlen in Jammu und Kaschmir anberaumt wurden, boykottierte die *National Conference* sie nicht und gewann sie haushoch, wobei ihr jedoch zugute kam, dass die «außerparlamentarische Opposition» bei ihrem Boykottbeschluss blieb und so der *National Conference* das Feld kampflos überließ. Farooq Abdullahs Kehrtwendung wurde offenbar dadurch verursacht, dass nun seine alten Verbündeten, die «Föderalisten», in Delhi an die Macht gekommen waren. Die Kongresspartei hatte die Wahlen im Mai 1996 verloren und an ihrer Koalitionsverweigerungsstrategie festgehalten. Die BJP, die sich als «Rechtsaußen» durch Koalitionen nicht kompromittieren konnte, war bereit, jeden Partner zu akzeptieren, der bereit war, ihr die Hand zu reichen. Doch 1996 war es noch nicht so weit. Atal Behari Vajpayee blieb nur zwei Wochen BJP-Premierminister, nachdem der indische Staatspräsident ihn mit der Regierungsbildung beauftragt hatte, dann trat er zurück, noch ehe er die Vertrauensfrage stellte, weil er nicht genügend Partner finden konnte.

Nun schlug die Stunde der «dritten Kraft», einer aus mehr als einem Dutzend Regionalparteien bestehenden Koalition, die den Ministerpräsidenten von Karnataka, H. Deve Gowda, als Premierminister präsentierte. Auch dies war wieder eine Minderheitsregierung. Sie wurde vom Nationalkongress «geduldet». In den Kreisen dieser «dritten Kraft» konnte sich auch Farooq Abdullahs *National Conference* heimisch fühlen, hatte er doch 1983 und 1984 an den «Konklaven» der «Föderalisten» teilgenommen und so den Zorn Indira Gandhis auf sich gezogen. Die Gelegenheit, jetzt wieder an die Macht zu kommen, war für Farooq Abdullah sehr günstig, und er wäre töricht gewesen, wenn er sie nicht genutzt hätte. Mit 57 Sitzen in einem auf 87 Sitzen erweiterten Landtag erhielt er denn auch eine komfortable Mehrheit. Diesmal hatte das Mehrheitswahlrecht es mit der *National Conference* besonders gut gemeint. Sie erhielt über ein Drittel der Stimmen und nahezu zwei Drittel der Sitze. Die Kongresspartei, die immerhin noch ein Fünftel der Stimmen erhielt, bekam nur sieben Sitze. Doch die «außerparlamentarische Opposition» hatte die Wahlen boykottiert und blieb weiterhin ein Problem für Farooq Abdullah. Von der indischen Regierung hatte er aber nichts mehr zu befürchten. Selbst als es Vajpayee 1998 endlich gelang, mit vielen kleinen Partnern eine Koalition zu bilden, die die «Dritte Kraft» ablöste, blieb Farooq Abdullah ungeschoren. Es schien so, als hätte er nun endlich die Position erreicht, die sein Vater von den Wahlen des Jahres 1977 bis zu seinem Tod innegehabt hatte. Er saß so fest im Sattel, dass er auch 1999 wieder eine Wahl gewann und Ministerpräsident von Jammu und Kaschmir blieb.

7. Die Konfrontation der Atommächte und Indiens «Friedensoffensive»

Indiens Weg zur Atommacht

Als Premierminister Atal Behari Vajpayee im April 1998 seine erste Regierungserklärung abgab, erwartete man mit Spannung, was er zur Atombombe sagen würde, denn seine Partei hatte sich dafür eingesetzt, dass Indien Atommacht werden solle. Er beließ es aber bei der auch von seinen Vorgängern immer wieder gebrauchten Formel, dass man sich die «nukleare Option» offenhalten wolle. Lange Zeit hatte Indien es mit der Politik der «nuklearen Ambiguität» bewenden lassen. Freunde und Feinde mochten weiterhin darüber spekulieren, was Indien in der «Hinterhand» hatte. Außerdem wollte man die USA nicht reizen, die verhindern wollten, dass Indien zur Atommacht würde. Andererseits widerstand man dem amerikanischen Druck, den Atomwaffensperrvertrag (NPT) oder auch nur den Testbannvertrag (CTBT) zu unterzeichnen, weil es sich hier sozusagen um «ungleiche Verträge» handelte. Vajpayees Regierungserklärung schien eine Kontinuität dieser indischen Politik anzudeuten. Doch schon wenige Wochen später trat er vor eine Pressekonferenz und sagte tonlos, er habe eine Mitteilung zu machen. Was dann kam, war für viele Menschen auf der Welt ein Schock. Indien hatte nicht nur einen Atomtest durchgeführt, sondern gleich fünf – darunter auch eine Wasserstoffbombe. Die Tests, so sagte er, hätten ganz spezifisch dazu gedient, die Tauglichkeit verschiedener Atombomben für den militärischen Einsatz zu erproben.

In Indien wurde diese Mitteilung mit nahezu einhelliger Begeisterung aufgenommen. Die Kongresspartei beeilte sich sogar, auf ihre Verdienste bei der Vorbereitung dieser Tests hinzuweisen. Es war ja auch klar ersichtlich, dass die neue Regierung nicht innerhalb weniger Wochen eine solche Testserie hätte vorbereiten können. Die Bomben mussten schon bereitgelegen haben. Später wurde bekannt, dass die Regierung der Kongresspartei schon 1995 diese Tests durchführen wollte, aber dann dem amerikanischen Druck nachgab und die Tests unterließ. Neu war an der Politik Vajpayees also nur die Bereitschaft, die USA herauszufordern. Dass Pakistan sich nun gezwungen sehen würde, mit einer eigenen Testserie nachzuziehen, nahm man in Kauf – zumal die unvermeidlichen amerikanischen Sanktionen das nahezu bankrotte Pakistan härter treffen mussten als Indien. Im übrigen konnte man damit rechnen, dass die Welt sich nach einem Aufschrei der Empörung bald mit der neuen Lage abfinden würde. Diese Annahme erwies sich dann auch bereits in recht kurzer Zeit als zutreffend.

Nachdem die Bombe nun sozusagen «auf dem Tisch» lag, wurde ihr Werdegang, der bisher streng geheimgehalten worden war, in aller Öffentlichkeit diskutiert. Die Vorbereitungen hatten bereits vor Jahrzehnten begonnen. In den Jahren nach der Erlangung der Unabhängigkeit war freilich noch ein Nachklang der Reaktion Mahatma Gandhis auf den Abwurf der Atombombe auf Hiroshima und Nagasaki zu spüren. Gandhi war davon zutiefst getroffen worden, denn er sah seinen Glauben an die Kraft des gewaltfreien Widerstandes erschüttert. Dieser Widerstand hatte immer ein menschliches Gegenüber vorausgesetzt, die Atombombe aber wurde von einem fernen «Schreibtischtäter» eingesetzt. Gandhi sprach von der «Gewalt der Feiglinge», die diese Bombe verkörpere, und meinte, die Welt werde einst den Erfinder dieser Bombe verfluchen.

Als der führende indische Atomphysiker Homi Bhabha 1955 Nehru dazu aufforderte, im Namen Indiens unilateral den Verzicht auf die Herstellung von Atombomben zu verkünden, war das noch ein Widerhall der Reaktion Gandhis. Nehru aber sagte zu Bhabha, man solle darüber erst sprechen, wenn Indien überhaupt in der Lage sei, eine Atombombe zu produzieren. Dabei blieb es zunächst einmal. Nehru wandte sich allerdings in den 1960er Jahren gegen die Atomtests, mit denen die USA und die Sowjetunion die Atmosphäre belasteten. Nach Nehrus Tod musste sich sein Nachfolger Lal Bahadur Shastri mit der neuen Situation auseinandersetzen, die durch die chinesischen Tests von

1964 entstand. Die Niederlage, die China 1962 Indien bereitet hatte, war noch in frischer Erinnerung, und Indien sah sich nun durch Chinas neue Potenz bedroht. Shastri wandte sich an die anderen Atommächte und bat um eine Sicherheitsgarantie für Indien. Man sprach damals von einem «Atomschirm» (nuclear umbrella), den diese anderen Mächte über Indien halten sollten, um es vor China zu schützen. Natürlich war keine Atommacht bereit, Indien eine solche Garantie zu geben. Der Vorteil, den man daraus hätte ziehen können, stand in keinem Verhältnis zu dem Risiko, das man eventuell hätte eingehen müssen. Nach der Absage erkundigte sich Shastri schon 1965 bei Bhabha, ob die indischen Wissenschaftler einen unterirdischen Atomtest vorbereiten könnten. Von einem unilateralen Verzicht war jetzt nicht mehr die Rede.

Der Krieg von 1965, der nach guter alter Art mit Panzern und Artillerie geführt wurde, hatte keinen Einfluss auf die weitere Planung von Atomwaffen, wohl aber der von 1971, denn der Flugzeugträger «Enterprise», den Präsident Nixon in den Golf von Bengalen entsandte, hatte Atomwaffen an Bord. Nixon gestand später ein, dass er durchaus dazu bereit gewesen wäre, diese Waffen gegen Indien einzusetzen, wenn die Sowjetunion in den Krieg eingegriffen hätte. Das wusste man in Indien wohl – und auch, dass Nixon sich gehütet hätte, es zu tun, wenn Indien ebenfalls im Besitz von Atomwaffen gewesen wäre. Indira Gandhi trieb daher das indische Programm voran und ließ 1974 einen unterirdischen Atomtest durchführen. Man sprach dabei aber absichtlich nicht von einer Bombe, sondern von einem Atomsprengsatz (atomic device).

Die folgenden Jahre brachten eine «Sendepause» auf diesem Gebiet. Premierminister Morarji Desai, der Indira Gandhi 1977 ablöste, bedauerte den Test von 1974. Als alter Gefolgsmann Mahatma Gandhis wollte er keine indische Atombombe produzieren, ging aber auch nicht so weit, einen unilateralen Verzicht zu verkünden. Doch sobald Indira Gandhi 1980 wieder an die Macht kam, nahm sie das Programm wieder auf und beraumte sogar 1983 einen weiteren Test an, der dann aber auf amerikanischen Druck unterlassen wurde.

Das Forschungsprogramm ging jedoch weiter und auch die Entwicklung von einsatzfähigen Bomben wurde vorangetrieben.

Abdul Kalam, der später als «Vater der indischen Atombombe» gefeiert wurde, ist ein Ingenieur, der schon 1989 mit der Herstellung einsatzfähiger Atombomben beschäftigt war. Ab 1990 erhielt das indische Programm dadurch zusätzlichen Auftrieb, dass Pakistan es nicht mehr bei der «nuklearen Ambiguität» bewenden ließ, sondern ziemlich deutlich auf seine Potenz auf diesem Gebiet hinwies und Indien damit auch in Bezug auf den Kaschmirkonflikt unter Druck zu setzen versuchte. Als dann auch noch bekannt wurde, dass China Pakistan mit der entsprechenden Technologie versorgte, wollte Premierminister Narasimha Rao 1995 einen Atomtest durchführen lassen. Doch auch dieser Test wurde auf amerikanischen Druck hin unterlassen. Dieser Druck bestand natürlich auch weiterhin und Premierminister Vajpayees Regierungserklärung vom April 1998 schien zu zeigen, dass auch er nicht ohne Not die USA herauszufordern gedachte. Als aber nur ein paar Tage später die pakistanische Ghauri-Rakete getestet wurde, war das Ende der Fahnenstange erreicht, und Vajpayee ordnete die massiven indischen Atomtests an, die wenige Wochen später die pakistanischen Tests nach sich zogen.

Pakistans «islamische Bombe»

Pakistan fühlt sich aufgrund seiner Herkunft dazu genötigt, alle wichtigen Staatsziele mit dem Islam in Verbindung zu bringen. Als Nasser den Suezkanal einnahm und dafür von Briten und Franzosen angegriffen wurde, verteidigte der pakistanische Abgeordnete bei den Vereinten Nationen diese Aktion im Namen des Islam – eine Idee, auf die nicht einmal Nasser selbst gekommen wäre. So wurde auch die pakistanische Atombombe schon in einem frühen Planungsstadium zur «islamischen Bombe». Truman wäre es nie eingefallen, von einer «christlichen Atombombe» zu reden, aber Bhutto, der keineswegs ein «Fundamentalist» war, hielt die Bezeichnung «islamische Bombe» für angemessen. Schon als junger Außenminister hatte er in den 1960er Jahren dafür gesorgt, dass Pakistan den PINSTECH-Forschungsreaktor baute und erste Schritte auf dem Weg zur Atombombe unternahm. Als Bhutto sich 1967 von Ayub Khan trennte und in die Opposition ging, konnte er sein Ziel zunächst nicht weiter verfolgen. Ayub

Khan war als Offizier in britisch-indischen Diensten mit der alten konventionellen Kriegsführung groß geworden. Von ihm war auf diesem Gebiet wenig zu erwarten. Doch als Bhutto 1971 nach der Sezession Bangladeshs Präsident von Pakistan wurde, konnte er die «islamische Bombe» zum erklärten Ziel seiner Bemühungen machen. Die Demütigung durch den indischen Sieg von 1971 und der «Diktatfrieden» von Simla, den er als solchen empfand, obwohl Indira Gandhi alles tat, um ihm entgegenzukommen, ließen ihn nur noch mehr nach der Bombe streben. Nur sie konnte Pakistan die Parität mit dem sonst übermächtigen Indien sichern.

A.Q. Khan, der zum «Vater der islamischen Bombe» wurde, hatte als Ingenieur in den Niederlanden gearbeitet und kam 1975 von dort nach Pakistan zurück. Er hatte die «Blaupausen» für eine Zentrifuge zur Anreicherung von Uran mitgebracht, die er seinem früheren Arbeitgeber entwendet hatte. Khan hatte aber nicht nur «Blaupausen», er hatte auch die Adressen aller Zulieferer für wichtige Teile solcher Zentrifugen. Es gelang Pakistan, unter geschickter Umgehung von Exportbeschränkungen der betreffenden Länder, alle erforderlichen Teile einzukaufen. Den Amerikanern blieb dies nicht verborgen, und als Vajpayee – damals als Außenminister Indiens – im April 1979 Washington besuchte, teilte man ihm dort mit, dass Pakistan vermutlich in zwei oder drei Jahren – vielleicht auch früher – genug angereichertes Uran besitzen dürfte, um eine Atombombe zu zünden.

Bhutto förderte Khans Programm, besorgte sich aber weitere technische Unterstützung aus China, das er 1976 besuchte. Er schloss dort einen Vertrag ab, der Pakistan die Übertragung von chinesischem «Know-how» sicherte, und bezeichnete noch in seinen Aufzeichnungen in der Todeszelle diesen Vertragsabschluss als seine größte Leistung, die er nach elf Jahren intensiver Verhandlungen vollbracht habe. Pakistan hatte 1963 auf Betreiben Bhuttos ein Bündnis mit China geschlossen. Sein Hinweis auf die «elf Jahre» bedeutete also, dass er bald nach dem Abschluss dieses Bündnisvertrages begonnen hatte, China für die Unterstützung der «islamischen Bombe» zu gewinnen. Wenn man einmal davon absieht, dass es sicher kein «edles» Ziel war, für das Bhutto sich so unermüdlich eingesetzt hatte, so muss man ihm Weitsicht und hohe diplomatische Kunst bescheinigen. Sein Hass auf Indien hatte ihn dazu angespornt, solche Leistungen zu vollbringen. Pakistan dankte es ihm nicht, und er wurde gar noch von dem General hingerichtet, den er selbst über alle Maßen begünstigt hatte.

Präsident Zia entledigte sich Bhuttos, übernahm aber sein Atomprogramm voll und ganz. Es kam Zia dabei zugute, dass er, als Pakistan zum «Frontstaat» im Afghanistankrieg wurde, von den USA bevorzugt behandelt wurde. Die Amerikaner sahen großzügig über manches hinweg, was sie sonst gerügt oder unterdrückt hätten, weil es ihrem «nationalen Interesse» entsprach, Zia freie Hand zu lassen. Er benutzte sogar die noch gar nicht recht vorhandene atomare Potenz als Druckmittel gegenüber Indien. Als die indische Armee 1987 bei dem großen Manöver an der pakistanischen Grenze, das als *Operation Brasstacks* bezeichnet wurde, allzu sehr mit dem Säbel zu rasseln schien, wurde der indische Botschafter in Islamabad einbestellt und ihm damit gedroht, dass Pakistan auf einen indischen Angriff mit einem Gegenschlag antworten werde, der Indien «unannehmbaren» Schaden zufügen könne. Selbst eine Bombardierung von Mumbai (Bombay) sei denkbar. Nach Zias Tod setzten die jeweiligen pakistanischen Machthaber diese Politik der Drohungen fort. Während Indien es noch bei der «nuklearen Ambiguität» bewenden ließ, wurde von Pakistan in den 1990er Jahren mehrfach offen erklärt, dass Pakistan über Atombomben verfüge. Man erwähnte sogar, dass man durch solche Drohungen dreimal Indien daran gehindert habe, einen Krieg gegen Pakistan zu beginnen. Dabei ging es natürlich immer um Kaschmir. Die Situation war stets dieselbe: Glaubenskämpfer (*mujahideen*) infiltrierten Kaschmir, Pakistan leugnete, sie unterstützt zu haben, und wenn Indien Anstalten machte, mit militärischen Mitteln Abhilfe zu schaffen, drohte man mit der Atombombe.

Ein Engpass für Pakistan war freilich die Versorgung mit Raketen, mit denen Atombomben ihr Ziel erreichen konnten. Indien hatte ein beachtliches eigenes Raketenprogramm. Pakistan konnte da nicht mithalten und war auf die Unterstützung durch «befreundete» Mächte angewiesen. China lieferte Pakistan zunächst fertige M-11-Raketen und unterstützte ab 1995 den Bau einer Raketenfabrik in Pakistan, die Raketen von größerer Reichweite (ca. 2500 Kilometer) herstellen sollte. Für aktuelle Demonstrationen griff man aber auf die nordkoreanische Nodong-Rakete zurück, die etwa 1300 Kilometer Reichweite hat. Sie wurde in Pakistan umgetauft und erhielt den Namen «Ghauri», nach dem afghanischen Sultan Muhammed von Ghor (Ghaur), der um 1200 ganz Nordindien unterworfen hatte. Der Name war ein Programm, das Indien zur Kenntnis nehmen sollte. Es ist verständlich, dass Premierminister Vajpayee auf den demonstrativen Testflug dieser «pakistanischen» Rakete im April 1998 mit der Anordnung der indischen Atomtests vom Mai 1998 reagierte, denen dann die pakistanischen Atomtests noch im selben Monat folgten.

Die Theorie der gegenseitigen Abschreckung in Südasien

Die nukleare Parität von Indien und Pakistan, die nun offen etabliert worden war, gab Grund zu der Hoffnung, dass die Theorie der gegenseitigen Abschreckung, die sich im Kalten Krieg bewährt hatte, auch auf Südasien zutreffen würde. Doch das setzt eine Berechenbarkeit voraus, die auch im Kalten Krieg nicht von vornherein gegeben war. Chruschtschow hatte Kennedy nach ihrem ersten Treffen unterschätzt und geglaubt, dass er ungestraft Atomraketen sozusagen «vor seiner Nase» in Kuba stationieren könne. Erst als Kennedy sich entschlossen zeigte und den Abzug der sowjetischen Schiffe erzwang, die die Atomraketen nach Kuba bringen sollten, begann die Epoche der berechenbaren Abschreckung, die bis zum Ende des Kalten Krieges anhielt. Zu dieser Berechenbarkeit gehörte auch die Kompetenz der Nachrichtendienste auf beiden Seiten und die Möglichkeit der raschen Kontaktaufnahme der Regierungschefs durch «heiße Telefone».

Ferner gehörte zu dieser Berechenbarkeit, dass «Stellvertreterkriege» (*proxy wars*), die während des Kalten Krieges oft stattfanden, stets beherrschbar blieben und nicht aus dem Ruder liefen. Selbst der Afghanistankrieg, dessen unrühmliches Ende zur Implosion des sowjetischen Imperiums beitrug, blieb immer begrenzt. Er dauerte ein Jahrzehnt, aber in dieser langen Zeit gab es nie eine Krise, die die Supermächte an den Rand eines nuklearen Schlagabtauschs gebracht hätte.

Eine ähnlich stabile Situation ist in Südasien wohl kaum vorauszusetzen. Die beiden Atommächte stehen sich in vieler Hinsicht allzu nahe und diese Nähe hat leider gegenseitigen Hass geschürt. Die Theorie der gegenseitigen Abschreckung wird von Analytikern oft im Sinne einer abstrakten Funktion gesehen, die überall denselben Gesetzmäßigkeiten unterliegt. Als Mahatma Gandhi mit dieser Theorie konfrontiert wurde, bezweifelte er ihre Gesetzmäßigkeit. Ein Journalist wollte ihn davon überzeugen, dass die Abschreckung friedenserhaltend wirken würde. Gandhi aber meinte, der machtlüsterne Mensch werde immer einen größeren Grad der Zerstörung anstreben und die entsprechenden Mittel dann auch einsetzen. Hätte er den Kalten Krieg noch miterlebt, dann hätte er das Verhalten der beiden Supermächte wohl eher als eine Ausnahme und nicht als eine Bestätigung der Theorie betrachtet.

Der exemplarische Fall des Kalten Krieges hat die universale Gültigkeit der Theorie so hervorgehoben, dass man sich kaum darum bemüht hat, die Randbedingungen zu untersuchen, die die Stabilität der gegenseitigen Abschreckung erhalten. Das gilt auch für den Stellenwert des *proxy war* im Rahmen einer solchen Abschreckung. Wie wir später sehen werden, ist General Musharraf ein begeisterter Anhänger der Theorie, dass die gegenseitige Abschreckung zwar den nuklearen Schlagabtausch verhindert, aber keinesfalls den *proxy war* ausschließt, den man daher umso eher wagen kann. Er leitet dies wohl aus der Erfahrung des Kalten Krieges ab, macht sich aber keine Gedanken darüber, inwieweit diese Erfahrungen auf Südasien übertragbar sind. Der Kontext spielt dabei eine entscheidende Rolle. So mochten die USA unter Einbeziehung Pakistans einen *proxy war* gegen die Sowjetunion führen, doch wenn Pakistan einen solchen Krieg in Kaschmir gegen Indien führt, so ist das etwas ganz anderes.

Einen neuen Zugang zu den besonderen Bedingungen Südasiens bietet in gewisser Hinsicht die Theorie vom «Kampf der Kulturen» von Samuel Huntington, obwohl Huntington gerade zu Südasien kaum etwas sagt. Huntington stellt fest, dass «Kulturen» (civilizations) selbst gar keine weltpolitischen Akteure sein können, sondern dass jeweils ein Kernstaat diese Rolle übernimmt. Für den Westen sind dies die USA, aber gerade für den Islam, der den Westen herausfordert, kann er keinen Kernstaat identifizieren. Pakistan mit seiner «islamischen Bombe» könnte sich jedoch für einen solchen Kernstaat halten. Ferner betont Huntington in Anlehnung an geologische Begriffe die «Verwerfungslinien» (fault lines) zwischen den Kulturen. Die Grenze zwischen Indien und Pakistan könnte eine solche «Verwerfungslinie» sein, wenn man sie als Grenze zwischen islamischer und hinduistischer Kultur betrachtet. So würde man sie von Pakistan aus sicher ganz gern sehen. Die Hindu-Nationalisten Indiens würden einer solchen Sicht sogar zustimmen wollen, hätten sie nicht das Problem, dass Indien ebensoviele Muslime beherbergt wie Pakistan und es weiter östlich auch noch Bangladesh gibt. Huntingtons geologische Metapher trifft also auf Südasien nicht zu, deshalb hat er Südasien wohl auch weitgehend außer Acht gelassen. Nichtsdestoweniger sind die Aspekte, die mit dem Schlagwort «Kampf der Kulturen» angesprochen werden, in Südasien durchaus von Bedeutung, vor allem wenn es darum geht, die vordergründig überzeugende Theorie von der gegenseitigen Abschreckung zu hinterfragen.

Diese Aspekte gilt es auch zu berücksichtigen, wenn man aufgrund der Theorie der gegenseitigen Abschreckung allzu rasch Friedensinitiativen ergreift, die, wenn sie fehlschlagen, die Spannungen vertiefen anstatt sie zu überwinden. Diese Erfahrung musste der indische Premierminister Vajpayee machen, als er Pakistan mit einer «Friedensoffensive» geradezu im Sturm nehmen wollte. Als er dabei enttäuscht wurde und sich geradezu verraten fühlen musste, hat das seine weitere Einstellung zu Pakistan und dessen Führung belastet.

Die «Friedensoffensive» und die Busreise nach Lahore

Atal Behari Vajpayee ist ein temperamentvoller Mann, ein Dichter, der in seiner Muttersprache Hindi ein mitreißender Redner ist. Heute nimmt man ihn in Presse und Fernsehen meist nur als etwas schwerfälligen alten Mann wahr, der aber auch durch die Weisheit des Alters geprägt ist und vorschnelle Entscheidungen vermeidet. Manchmal spricht aber noch das alte Feuer aus ihm. Er ist zwar politisch maßvoll, liebt aber auch die großzügige Geste – und eine solche Geste war es, als er seinen pakistanischen Kollegen Nawaz Sharif im Februar 1999 in Lahore demonstrativ umarmte. Vajpayee reiste mit einem Bus dorthin. Diese Busfahrt sollte kein einmaliges Ereignis sein, er wollte damit einen regelmäßigen Verkehr über die Grenze wieder eröffnen, der seit langer Zeit zum Erliegen gekommen war.

Beobachter, die bei der Begegnung der beiden Premierminister anwesend waren, wollen bemerkt haben, dass die Körpersprache von Nawaz Sharif bei der Umarmung durch Vajpayee deutliches Unbehagen erkennen ließ. Außerdem waren die Chefs der Waffengattungen Heer, Luftwaffe und Marine nicht bei der Begrüßung Vajpayees an der Grenze anwesend, obwohl dies zum üblichen Protokoll bei Staatsbesuchen gehört. Die Vorbereitungen für den *proxy war* in Kaschmir, über den im nächsten Kapitel berichtet werden soll, liefen zu diesem Zeitpunkt schon. Nawaz Sharif war ohne Zweifel davon unterrichtet, Vajapyee aber war völlig ahnungslos. Seine Umarmung war herzlich gemeint, Nawaz Sharif aber wusste nur zu gut, dass man ihm nachher Falschheit und Verrat vorwerfen konnte, weil er sich umarmen ließ und dabei den sprichwörtlichen Dolch im Gewande trug. Noch zog er ihn freilich nicht und ließ Vajpayee in dem Gefühl zurückreisen, dass seine «Friedensoffensive» ein voller Erfolg gewesen war. Auch rollten die Busse von jetzt an regelmäßig nach Lahore. Es schien Friede zwischen Indien und Pakistan eingekehrt zu sein.

Wäre die Initiative von Nawaz Sharif ausgegangen, so hätte man später sagen können, dass er auf sehr infame und geschickte Weise den Feind eingelullt habe, um ihn unvorbereitet treffen zu können. Doch Vajpayee lullte sich selber ein und war dann umso betroffener, als wenige Monate später der Angriff auf Kargil begann. Kritiker haben bemerkt, dass andere zwischenstaatliche Friedensinitiativen – etwa die zwischen Ägypten und Israel – von langer Hand vorbereitet waren, während Vajpayees «Friedensoffensive» sehr impulsiv war und verhältnismäßig kurzfristig anberaumt wurde. Es wäre sicher falsch, aus dem Misslingen dieser Initiative den Schluss zu ziehen, dass impulsive großzügige Gesten in der internationalen Politik fehl am Platz sind, doch in diesem Fall war die Enttäuschung unvermeidlich. Der Übergang von der nuklearen Konfrontation zur brüderlichen Umarmung kam allzu plötzlich.

Vajpayees Gefühl, auf üble Weise hintergangen worden zu sein, erschwerte es ihm später, mit den pakistanischen Machthabern unbefangen umzugehen. Nawaz Sharif spielte zwar bald keine Rolle mehr, aber Musharraf umso mehr – und er war schließlich auch in Lahore zugegen gewesen, wenn er auch Vajpayee nicht an der Grenze begrüßt hatte. Je deutlicher im Laufe der Zeit wurde, dass der Angriff auf Kargil von Musharraf langfristig vorbereitet worden war, desto mehr musste Vajpayees Misstrauen ihm gegenüber wachsen. Es kostete ihn große Überwindung, sich überhaupt noch einmal auf Gespräche mit diesem Mann einzulassen.

8. Kargil: Pakistans Stellvertreterkrieg und die amerikanische Intervention

General Musharrafs «brinkmanship»

General Musharraf ist Spezialist für Gebirgskriegführung. Erste Pläne für eine Operation im Raum Kargil hatte er wohl schon unter Zia ausgearbeitet, dessen Schützling er war. Von 1993 bis 1995 hatte er den Posten des Director-General of Military Operations (DGMO) inne. Der DGMO ist für die Koordination aller militärischen Unternehmungen zuständig. In dieser Eigenschaft konnte Musharraf den Kargil-Plan weiter ausfeilen, fand aber dann bei General Jehangir Karamat, der von 1996 bis 1998 die pakistanische Armee befehligte, kein Interesse für seinen Plan. Als er im Oktober 1998 Karamat ablöste, konnte Musharraf seinen Plan endlich verwirklichen. Premierminister Nawaz Sharif wurde von ihm wohl schon im November 1998 eingeweiht und billigte den Plan. Ob er wirklich aufmerksam zugehört hatte, ist nicht sicher. Er galt bei seinen Mitarbeitern als ein Mann, der sich selten lange auf einen Gegenstand konzentrieren konnte. Vermutlich ließ er sich aber von Musharrafs Argumenten überzeugen. Musharraf unterschätzte die Kampfkraft der indischen Armee und dachte an eine rasche Kommando-Operation, bei der es gelingen würde, die Straße über Kargil nach Leh abzuschneiden, die auch für den Nachschub für Siachen wichtig ist. Die Kaschmirfrage würde durch diese Aktion internationale Aufmerksamkeit erregen, weil es sich nun um einen Konflikt zwischen Atommächten handelte. Den Kriegführenden würde dann rasch ein Waffenstillstand aufgezwungen werden, wobei Pakistan aber strategisch wichtige Abschnitte behalten würde. Die Operation könnte mit bereits in dem Gebiet befindlichen, akklimatisierten Truppen durchgeführt werden.

Musharraf besuchte im März 1999 seine Truppen in dem betreffenden Gebiet und hielt am 12. April 1999 eine vielbeachtete

Rede, in der er betonte, dass zwar ein konventioneller Krieg zwischen Atommächten ausgeschlossen sei, wohl aber «Stellvertreterkriege» zu erwarten seien. Um einen solchen *proxy war* handelte es sich bei dem Kargil-Unternehmen, das er natürlich in dieser Rede nicht beim Namen nannte, aber bereits theoretisch rechtfertigte. Noch konnte außer den Eingeweihten niemand ahnen, dass Musharraf hier nicht allgemeine Bemerkungen zur militärischen Theorie machte, sondern praktisch ein Vorhaben kommentierte, das bereits lief. Dabei konnte es ihm nur recht sein, dass Vajpayee glaubte, Frieden gestiftet zu haben, denn das Gelingen seines Plans hing davon ab, dass die indische Seite sich in Sicherheit wiegte. Auch würde er zwar reguläre Truppen einsetzen, die in der Lage waren, die nicht gerade leichte Operation durchzuführen, aber natürlich würde wieder von «Freiheitskämpfern» die Rede sein, über die man keine Kontrolle habe.

Musharrafs Plan war taktisch brillant konzipiert. Er kannte die indische Achillesferse genau. Sie bestand darin, dass während der langen Wintermonate die *Line of Control* nur an wenigen Stellen von indischen Posten besetzt war. Das waren kleine Gruppen, die in Bunkern voller Proviant überwinterten. Dazwischen waren große Strecken unbewacht, und dort ließ Musharraf seine Truppen vorrücken. Zwar wurden diese Strecken auch im Winter gelegentlich von Hubschraubern überflogen, aber die pakistanischen Kommandos konnten sich in ihren Iglus verstecken, wenn sie einen Hubschrauber kommen hörten. Außerdem ermöglichte der unstete Flug eines Hubschraubers kaum eine genaue Beobachtung der Schneelandschaft mit Ferngläsern. Eine Satellitenüberwachung des unübersichtlichen Geländes wäre die einzige Möglichkeit gewesen, Truppenbewegungen zu erkennen. Doch die Inder hatten noch keinen Satelliten im Einsatz, der die dafür erforderliche Bildqualität erreichte, obwohl sie durchaus in der Lage gewesen wären, einen solchen Satelliten herzustellen. Die Amerikaner aber, die fast alles auf der Welt mit Satelliten ausspähen, hatten aufgrund der Sanktionen nach den Atomtests von Indien und Pakistan keine Veranlassung, ihre Erkenntnisse der einen oder der anderen Seite mitzuteilen.

Der wesentliche strategische Vorteil der indischen Seite war der Besitz der Straße von Srinagar über Drass und Kargil nach Leh, aber die führte über den Zojila Pass, der im Winter nicht überquerbar war. Es kam also alles darauf an, die Operation so weit wie möglich voranzutreiben, während der Zojila-Pass noch geschlossen war. Die pakistanischen Kommandos mussten die Höhenzüge besetzen, die es ihnen ermöglichten, Drass und Kargil unter Artilleriefeuer zu nehmen und die Straße abzuschneiden. Dazu durfte nur eine beschränkte Anzahl von Truppen eingesetzt werden, die schon in der Gegend stationiert waren. Größere Truppenbewegungen wären den Indern aufgefallen, und sie hätten dann vielleicht auch ihre Präsenz in diesem Sektor verstärkt. So war aber nur eine indische Brigade von 3000 Mann für die Verteidigung der langen Strecke vom Zojila-Pass bis Turtok im Shyok-Tal verantwortlich. Das Shyok-Tal war für den Zugang zum Siachen-Gletscher wichtig. Einige strategisch bedeutsame Posten in diesem Sektor waren den Indern erst im Krieg von 1971 zugefallen und nach dem Simla-Abkommen verblieben.

Eigentlich hätte man auf indischer Seite erwarten müssen, dass Pakistan bei passender Gelegenheit versuchen würde, diese Scharte wieder auszuwetzen. Doch die indischen Nachrichtendienste versagten auf der ganzen Linie. Es wurde sogar versäumt, Informationen, die man hatte, angemessen zu interpretieren. So hatte Musharraf in Brüssel 50000 Schneestiefel einkaufen lassen. Ein indischer Auftrag konnte dort nicht mehr erfüllt werden, weil das Lager leergekauft worden war. Spione hätten sicher auch feststellen können, dass die Kommandoeinheiten der pakistanischen Armee sich Bärte wachsen ließen, um als Glaubenskrieger glaubhaft zu wirken. In der Armee sind sonst nur Schnurrbärte, aber keine Vollbärte erlaubt, für die Glaubenskrieger aber ist der Bart geradezu eine Ehrensache. Musharraf hatte in dieser Hinsicht Glück. Die Inder merkten nichts. Sein Überraschungserfolg war perfekt, nur der weitere Verlauf der Kampfhandlungen sollte ihn enttäuschen. Er musste bis Juni sein Ziel erreicht haben, denn sobald die Inder über die Straße Verstärkung heranbringen konnten, würde sich die Schlacht um Kargil zu ihren Gunsten wenden.

Der Verlauf der Kampfhandlungen

Am 2. Mai 1999 entdeckten zwei Hirten, die die indische Armee öfter als Späher beschäftigt hatte, verdächtige Truppenbewegungen und benachrichtigten ihre Auftraggeber. Doch die nahmen die Nachricht gelassen auf, denn irgendwelche Provokationen von pakistanischer Seite gehörten an der Grenze zum Alltag. Erst als sechs Tage später eine Armeepatrouille ebenfalls Truppenbewegungen meldete, wurde man aufmerksam. Am 9. Mai erkannte man dann das Ausmaß der pakistanischen Infiltration, die im Gebiet Drass-Kargil immerhin sieben Kilometer über die *Line of Control* reichte und weiter im Osten bei Batalik sogar zwanzig Kilometer. Doch die Besetzung einiger Höhenzüge schien den indischen Offizieren vor Ort immer noch kein Grund zur Besorgnis zu sein. Sie meinten, die Eindringlinge hätten dort kaum eine Chance. Kämen sie im Sommer von den Höhen herunter, dann würden sie niedergemacht, blieben sie bis zum Winter dort, dann würden sie erfrieren. Weil von der Front keine alarmierenden Meldungen kamen, trat der Chef der indischen Armee, General V.P. Malik, am 10. Mai noch eine Dienstreise nach Polen an, die er sicher verschoben hätte, wenn ihm der Ernst der Lage bewusst gewesen wäre. Doch erst als das indische Brigade-Hauptquartier in Drass am 13. Mai von den besetzten Höhen aus unter schweres Artilleriefeuer genommen wurde, war den Indern klar, dass es sich hier um einen Großangriff regulärer Truppen handelte, denn Freischärler haben keine schwere Artillerie.

Recht spät, aber umso energischer holte Indien nun zum Gegenschlag aus. Am 26. Mai begann die *Operation Vijay* (Vijay = Sieg). Es kam den Indern zugute, das der Zojila-Pass in diesem Jahr früher passierbar wurde als sonst. Meist war er bis zum Juni geschlossen, diesmal taute es schon im Mai. Indische Truppen konnten vom Tal von Kaschmir abgezogen und nach Kargil verlegt werden. Es kamen ferner Truppeneinheiten dazu, die gerade vom Einsatz auf dem Siachen-Gletscher zurückkehrten und bestens akklimatisiert waren. Außerdem beschloss das indische Kabinett schon am 26. Mai den Einsatz der Luftwaffe. Der Chef der Luftwaffe, Air Marshal Tipnis, hatte sich zunächst gegen einen solchen Einsatz ausgesprochen. Düsenbomber können im

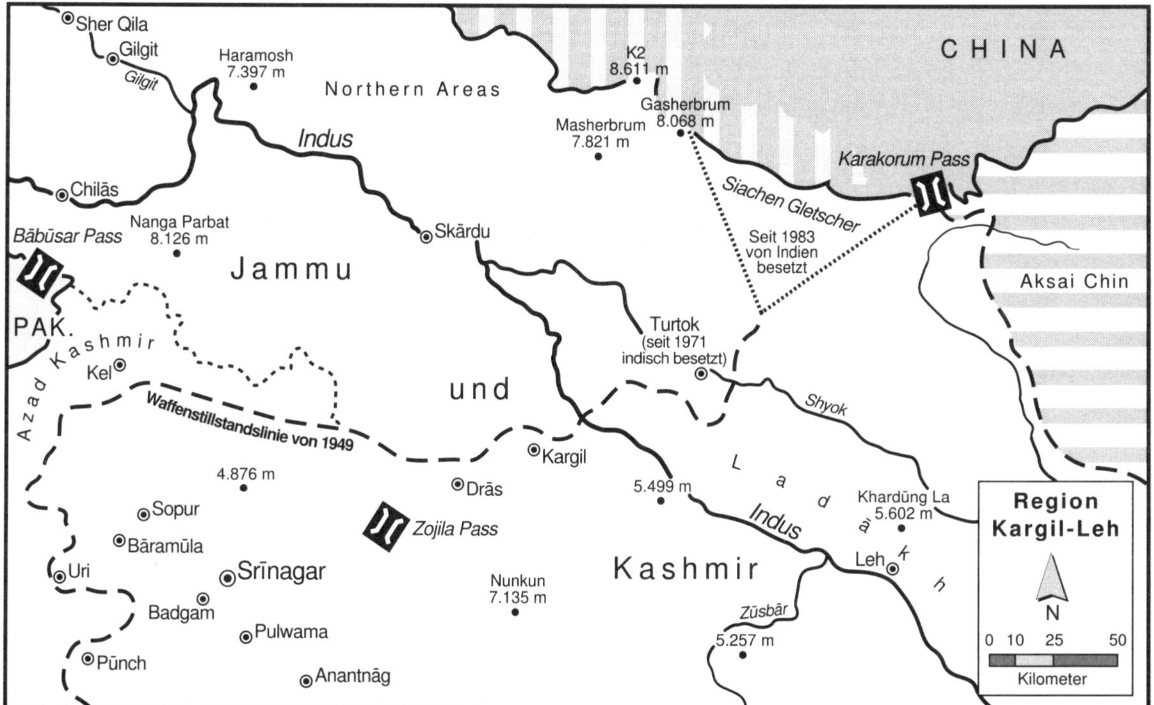
Region
Kargil-Leh
N
0 10 25 50
Kilometer
CHINA
Aksai Chin
Karakorum Pass
Siachen Gletscher
Seit 1983
von Indien
besetzt
K2
8.611 m
Gasherbrum
8.068 m
Masherbrum
7.821 m
Northern Areas
Sher Qila
Gilgit
Gilgit
Haramosh
7.397 m
Indus
Chilās
Bābūsar Pass
Nanga Parbat
8.126 m
Skārdu
Jammu
PAK.
Azad Kashmir
Kel
und
Turtok
(seit 1971
indisch besetzt)
Shyok
Waffenstillstandslinie von 1949
Kargil
Drās
Zojila Pass
4.876 m
Sopur
Bāramūla
Uri
Srīnagar
Badgam
Pulwama
Pūnch
Anantnāg
Nunkun
7.135 m
Kashmir
5.499 m
Indus
Ladākh
Khardūng La
5.602 m
Leh
Zūsbār
5.257 m

Gebirge einzelne besetzte Höhenzüge kaum zielgenau treffen. Sie sind ihrerseits ein leichtes Ziel für Boden-Luft-Raketen. Außerdem fliegen sie so schnell, dass schon Sekunden genügen, um die *Line of Control* zu verletzen. Wie berechtigt die Bedenken des Chefs der Luftwaffe waren, zeigte sich schon am ersten Einsatztag. Eine indische MIG-21 wurde abgeschossen, eine MIG-27 stürzte wegen eines Motorschadens ab. Ihr Pilot geriet in Kriegsgefangenschaft. Am nächsten Tag wurde ein indischer Kampfhubschrauber von einer Stinger-Rakete getroffen, die gesamte Besatzung kam um. Danach setzte die Luftwaffe die besonders wertvollen Mirage-2000-Düsenbomber ein, die die pakistanischen Munitionsdepots und Bunker zerstörten. Die Mirage-Düsenbomber können aus größerer Entfernung lasergesteuerte Bomben abwerfen, die sehr zielgenau sind. Die indische Luftwaffe flog auch Nachteinsätze. Sie bewältigte eine Aufgabe, die ihr so noch nie gestellt worden war. Auch die indische Marine war an der *Operation Vijay* beteiligt. Sie blockierte den Hafen von Karachi, der für den Nachschub wichtig gewesen wäre, wenn sich der Krieg länger hingezogen hätte.

Am 4. Juni wurde Indien von mehreren ausländischen Staaten unterstützt, die Pakistan aufforderten, die Eindringlinge zurückzuziehen. Aber die Initiative, mit Hilfe der Vereinten Nationen Indien und Pakistan einen Waffenstillstand aufzunötigen, blieb aus. Auf sie hatte Musharraf ja gehofft, um seinen Geländegewinn «einzufrieren». Am 10. Juni wurden Indien und die Weltöffentlichkeit von der Nachricht schockiert, dass Pakistan sechs tote indische Soldaten, die grausam verstümmelt worden waren, der indischen Armee zugesandt hatte. Für Tote, die die indische Seite den Pakistanern zustellen wollte, fanden sich keine Adressaten. Pakistan beharrte auf der Fiktion, dass nur Freiheitskämpfer aus Kaschmir an der Front waren, für die man nicht zuständig sei. Die Inder fanden bald heraus, dass das nicht stimmte, weil die Toten Dienstmarken der regulären pakistanischen Truppen trugen. Hätte Pakistan die Toten akzeptiert und sie wären dann ihren Angehörigen im Panjab zugesandt worden, dann wäre das Lügengewebe zerrissen worden.

Die toten indischen Soldaten, die in ihre Heimatorte zurückgesandt wurden, galten dort als Helden. Allerdings machte sich auch Kritik an der Regierung bemerkbar, die offenbar keine Vorkehrungen für einen solchen Kriegsfall getroffen hatte. Die indischen Soldaten waren schlecht ausgerüstet. Die lange Friedenszeit seit 1971 hatte dazu geführt, dass selbst allgemein als notwendig erachtete Ausgaben unterblieben. Umso erstaunlicher war der Mut und die Einsatzbereitschaft der jungen Soldaten, die nachts steile Berghänge erklommen, um im Morgengrauen die Besatzung der Höhenzüge zu überwältigen. Die jungen Offiziere gingen dabei ihren Mannschaften mit bestem Beispiel voran. Das ließ sich auch an der Zahl der Gefallenen ablesen. Für je 17 Mann fiel auch ein Offizier, während man sonst mit einem Verhältnis von etwa 30 zu 1 rechnet. Der gesamte Kargilkrieg forderte rund 500 Todesopfer auf der indischen Seite, die Verluste auf der pakistanischen Seite wurden höher geschätzt, doch blieb dies aufgrund der bereits erwähnten Fiktion eine Dunkelziffer.

Im Juni 1999 eroberten die indischen Truppen fast alle besetzten Höhenzüge zurück. Am 4. Juli fiel dann auch der strategisch wichtige «Tiger Hill» (4700 Meter), von dem aus Drass beschossen worden war und der für die Kontrolle der Straße nach Kargil von großer strategischer Bedeutung ist. Schon als Vajpayee die indischen Truppen am 13. Juni in Kargil besuchte, war abzusehen, dass Musharrafs Plan gescheitert war. Es war ihm nicht gelungen, die Straße abzuschneiden und die besetzten Höhen zu halten.

Vajapyee hätte nun eigentlich den unerklärten Krieg, der ihm aufgezwungen worden war, in aller Ruhe zu Ende führen können. Er war von aller Welt wegen seiner Mäßigung gelobt worden, weil er die *Line of Control* nicht überschritten hatte, obwohl Pakistan ihn dazu provoziert hatte. Er war aber zu dieser Zeit nur amtierender Premierminister. Seine Regierung war im April gestürzt und es standen ihm im September und Oktober Neuwahlen bevor. Der Krieg war verlustreich, jeder Tag kostete mehr Menschen und Material. Daher war Vajpayee an einem raschen Friedensschluss interessiert und begrüßte die Initiative des amerikanischen Präsidenten Clinton, der Druck auf Pakistan ausübte, die Eindringlinge zurückzurufen. Vajpayee telefonierte unmittelbar nach seiner Rückkehr von der Front mit Clinton. Im Unterschied zur üblichen indischen Haltung seit dem Simla-Abkommen, dass alle Probleme zwischen Indien und Pakistan nur bilateral verhandelt

Abb. 4: 9. Juli 1999: Anti-pakistanische Proteste in Neu Delhi. Auf den Schildern wird zur Einstellung der Busverbindung nach Lahore aufgerufen, die Vajpayee eröffnet hatte. Foto: SV-Bilderdienst

werden dürften und jeder Vermittlungsversuch von dritter Seite abzulehnen sei, war Vajpayee nun offenbar bereit, Clintons Vermittlung anzunehmen. Von nun an hatte die amerikanische Regierung eine Schlüsselstellung in Südasien inne, die sie auch weiterhin behalten – und ausgebaut – hat.

Präsident Clintons «persönliches Interesse» an der Konfliktlösung

Vom 24. bis 26. Juni hatte Musharraf hohen Besuch. Der amerikanische Stabschef General Zinni war persönlich nach Pakistan geflogen, um über die Bedingungen des Rückzugs von der Front im Gebiet von Kargil zu verhandeln. Alle Einzelheiten dieses Rückzugs und der ihn begleitenden Diplomatie wurden offenbar während dieses Besuchs ausgehandelt. Nawaz Sharif war zu dieser Zeit in China und konnte an der Besprechung gar nicht teilnehmen. Noch ehe er zurückkam, verkündete Musharraf schon am 27. Juni, dass Clinton Nawaz Sharif am 4. Juli in Washington empfangen werde. Diese Einladung war wohl ein Teil des Handels, den Musharraf mit Zinni abgeschlossen hatte. An sich wäre ein solcher Besuch gar nicht nötig gewesen, wenn es nur um den Truppenrückzug gegangen wäre, aber der schlaue Musharraf lockte Nawaz Sharif auf diese Weise in eine Falle und konnte ihm dabei das Treffen mit Clinton sogar als diplomatischen Erfolg verkaufen, weil damit doch die «Internationalisierung» des Kaschmir-Konflikts erreicht worden war, auf die es Pakistan mit dem Abenteuer in Kargil abgesehen hatte.

Diese «Internationalisierung» war denn auch alles, was als Erfolg gemeldet werden konnte, denn Musharrafs militärischer Plan war ja auf geradezu spektakuläre Weise gescheitert. Den Offenbarungseid brauchte aber nun nicht Musharraf zu leisten, dieses Privileg überließ er Nawaz Sharif, der in Washington eine Erklärung unterschreiben musste, die ihn in Pakistan zur Zielscheibe der Kritik werden ließ. Die Washingtoner Erklärung kam einer bedingungslosen Kapitulation gleich. Nawaz Sharif konnte lediglich betonen, dass Clinton schriftlich sein «persönliches Interesse» an der Lösung des Kaschmirkonflikts bekundet hatte und dass dies offenbar mit Vajpayee abgesprochen war. Der Gewinner dieser Verhandlungsrunde war Clinton, der sich eine Schiedsrichterrolle in Südasien erworben hatte, die er durchaus zu spielen gedachte, wie sich bald zeigen sollte.

Bei allen diesen Verhandlungen wurde von Nawaz Sharif weiterhin die Fiktion aufrecht erhalten, dass in Kargil nur Freiheitskämpfer aus Kaschmir tätig waren, über die er eigentlich keine Kontrolle habe. Er konnte nur zusichern, dass er sich um ihre Zustimmung zu einem Rückzug bemühen werde. In Pakistan spielte er diese Farce weiter und sprach vor einem Rat der Glaubenskämpfer, die er inständig bat, den Rückzug anzutreten. Doch diese spielten nicht mit, sondern verkündeten, dass sie bis zum letzten Mann weiterkämpfen wollten. Der Rückzug wurde natürlich trotz dieses Widerstands vollzogen, was auch deshalb leicht war, weil die Glaubenskämpfer nur in geringer Zahl an Musharrafs fatalem Unternehmen beteiligt gewesen waren. Die Schwüre des Weiterkämpfens bis zum letzten Mann waren daher genauso falsch, wie die ganze Schau, die da abgezogen wurde. Für Musharraf war natürlich die Aufrechterhaltung der Fiktion eben-

Abb. 5: 13. Juli 1999: Militante Pakistaner in Islamabad verbrennen die indische Flagge und geloben die Fortsetzung des Kampfes gegen Indien, nachdem Nawaz Sharif in Washington den Rückzug der «Freiheitskämpfer» aus Kargil zugesagt hat. Foto: SV-Bilderdienst

falls sehr wichtig. Es war nicht er, der gescheitert war, sondern eben die Freiheitskämpfer, denen man immerhin zugute halten konnte, dass sie sich tapfer gegen die mächtige indische Armee zur Wehr gesetzt hatten. Im übrigen aber war Musharrafs Rechnung aufgegangen, es war nicht er, sondern der «Erfüllungspolitiker» Nawaz Sharif, der in Washington die Kapitulation unterschrieben hatte und nun zur Zielscheibe der Kritik wurde. Es ist kein Wunder, dass Nawaz Sharif von nun an danach trachtete, sich Musharrafs zu entledigen. Doch als er glaubte, dies tun zu können, gewann Musharraf die Oberhand und entledigte sich des Premierministers, dessen Ruf er bereits genügend geschädigt hatte. Musharraf hatte wohl von Zia viel gelernt und übertraf ihn noch an politischem Geschick. Während Zia seinerzeit Bhutto umbringen ließ, waren Musharrafs Methoden eleganter. Er ließ Nawaz Sharif strafrechtlich verfolgen und drängte ihn dann ins arabische Exil.

Nach Kargil: Musharrafs Staatsstreich und Indiens Aufrüstung

Der pakistanische Rückzug von der Front in Kargil verlief im Juli 1999 recht zügig. Die Unverletzbarkeit (sanctity) der *Line of Control*, die Nawaz Sharif im Washingtoner Abkommen zusichern musste, wurde respektiert. Von dem «persönlichen Interesse» Clintons, das Pakistan als «Internationalisierung» des Kaschmirkonflikts interpretierte, war zunächst wenig zu verspüren, was Pakistan zugute gekommen wäre. Clinton musste statt dessen zur Kenntnis nehmen, dass Nawaz Sharif und Musharraf Pläne schmiedeten, den jeweils anderen zu beseitigen. Es war für die Amerikaner wohl keine Überraschung, als Nawaz Sharif eine Dienstreise Musharrafs dazu nutzte, ihn kurzerhand abzusetzen und Generalleutnant Zainuddin, den Chef der ISI, an seiner Stelle zum Chef der Armee zu ernennen. Er ließ dann auch noch den Flugplatz von Karachi sperren, so dass Musharraf dort nicht landen konnte. Sein Flugzeug hatte nur noch wenig Treibstoff an Bord. Musharraf interpretierte diese Landeverweigerung später als einen Versuch, ihn zu ermorden. Wäre das in der Tat so gewesen, dann trug Zainuddin, der ihn ersetzt hatte, daran ebensoviel Schuld wie Nawaz Sharif. Man hätte eigentlich erwarten können, dass Zainuddin sofort vor ein Militärgericht gestellt worden wäre. Statt dessen ließ Musharraf ihn nur unter Hausarrest stellen. Später hieß es, er sei nun vor ein Militärgericht gestellt worden, doch über dessen Urteil war nichts in Erfahrung zu bringen. Die ganze Angelegenheit einschließlich des «Mordversuchs» ist nach wie vor sehr undurchsichtig.

Musharraf landete schließlich doch und holte sofort zum Gegenschlag aus. Nawaz Sharif wurde abgesetzt und festgenommen. Musharraf ernannte sich aber nicht wie seine Vorgänger in ähnlichen Situationen zum «Kriegsrechtsverwalter» (*Chief Martial Law Administrator*), sondern in Anlehnung an die privatwirtschaftliche Terminologie zum *Chief Executive Officer* Pakistans. Er ersetzte so nur den Premierminister, ließ aber die Minister im Amt. Auch der Staatspräsident wurde nicht abgelöst. Erst in einem späteren Schritt übernahm Musharraf selbst das Amt des Präsidenten, ließ sich darin durch ein Referendum für weitere fünf Jahre bestätigen und beraumte dann erst Parlamentswahlen an. Er sicherte sich so eine nahezu unanfechtbare Machtposition –

und das alles, obwohl er sich eigentlich nur damit empfehlen konnte, dass er seinem Land eine spektakuläre militärische Niederlage eingebracht hatte.

Indien aber hatte zwar in Kargil gewonnen, musste dafür jedoch einen hohen Preis zahlen. Nicht nur waren die Kosten der Kampfhandlungen in Kargil sehr hoch gewesen, die weitere Verteidigung der *Line of Control* wurde nun auf die Dauer wesentlich teurer als zuvor. Pakistan hatte zwar in Washington die Unverletzlichkeit der *Line of Control* schriftlich bestätigt, aber das war ebensowenig wert wie seinerzeit Ayub Khans Gewaltverzichtserklärung beim Abkommen von Taschkent im Januar 1966. Die Unverletzlichkeit konnte nur durch massive Verteidigungsanstrengungen garantiert werden. Mit einer Brigade war es entlang der Linie vom Zojila-Pass bis Turtok nicht mehr getan, es mussten mehrere Brigaden dort stationiert werden, die den langen Winter überstehen konnten. Das erforderte umfangreiche logistische Ausstattung, angemessene Bewaffnung etc. in einem Maßstab, der alles, was zuvor hierfür angesetzt worden war, weit überstieg. Der hohe Posten für Verteidigungskosten im ersten Staatshaushalt, den die Regierung Vajpayee nach der Wiederwahl vorlegte, spiegelte diese neue Situation wieder.

Die pakistanische Armee konnte diese Erhöhung des indischen Verteidigungsetats nur begrüßen, denn sie kann den Löwenanteil des pakistanischen Staatshaushalt nur solange beanspruchen, wie sie auf eine massive indische Bedrohung verweisen kann. Indirekt hat Musharraf mit seinem Kargil-Abenteuer also doch noch etwas erreicht. Es fragt sich freilich, wie lange es sich das am Rande des Staatsbankrotts stehende Pakistan leisten kann, Unsummen für seine Armee auszugeben. Doch in dieser Hinsicht hatte Musharraf das Glück, dass Pakistan wieder einmal wie zur Zeit Zias für Amerika zum «Frontstaat» wurde. Ehe das geschah, sah es für Pakistan einige Zeit gar nicht gut aus. Das «persönliche Interesse» Präsident Clintons wandte sich zunächst einmal auf geradezu dramatische Weise Indien zu, das er im März 2000 besuchte. Er stellte sich geradezu ostentativ auf die Seite Indiens und machte nur einen kurzen Abstecher nach Pakistan, um Musharraf die Leviten zu lesen. Es bedurfte erst der «Allianz gegen den Terror» unter Präsident Bush, um Musharrafs Stern wieder strahlen zu lassen.

9. Der «Krieg gegen den Terror» und seine Auswirkungen in Südasien

Der Terror in Südasien: Die Flugzeugentführung vom Dezember 1999

Fast zwei Jahre bevor Luftpiraten das World Trade Center in New York zerstörten, erlebte Südasien eine dramatische Flugzeugentführung, die mit einer Demütigung der indischen Regierung und der Freipressung von Maulana Masood Azhar endete, den man den pakistanischen Osama bin Laden nennt. Diese Aktion war offenbar von pakistanischer Seite sorgfältig vorbereitet worden. Die bewaffneten Entführer reisten mit einer Maschine der Pakistan International Airways nach Kathmandu (Nepal) und stiegen dort als Transitpassagiere in den Airbus der Indian Airlines um, der mit rund 150 Passagieren nach New Delhi fliegen sollte. Als Transitpassagiere brauchten die Entführer nicht mehr die Sicherheitskontrolle zu passieren. Sie zwangen den indischen Piloten, statt in New Delhi in Lahore zu landen. Doch war dieser Plan vielleicht mit der ISI, nicht aber mit General Musharraf abgestimmt worden, der nichts weniger gebrauchen konnte, als ein entführtes indisches Flugzeug auf pakistanischem Boden. Er war gerade dabei, seine Macht nach dem Staatsstreich zu konsolidieren und konnte sicher sein, dass Präsident Clintons «persönliches Interesse» in diesem Fall nicht zu seinen Gunsten sein würde. Als Militärmachthaber, der wieder einmal die Demokratie in Pakistan abgeschafft hatte, war er Clinton ohnehin ein Dorn im Auge. Wenn er jetzt auch noch als Auftraggeber von Flugzeugentführern erschien, zwang er die Amerikaner dazu, noch härtere Sanktionen gegen Pakistan zu verhängen.

Musharraf erlaubte den Entführern nur ein Auftanken der Maschine aus «humanitären Gründen», dann mussten sie weiterfliegen. Ihre Odyssee endete schließlich im afghanischen Kandahar, wo sie bei den Taliban gut aufgehoben waren. Nun stellten sie der indischen Regierung ihre Bedingungen. Sie forderten eine hohe Summe Lösegeld für die Passagiere, sowie die Befreiung des seit 1994 in Kaschmir gefangen gehaltenen Masood Azhar und einiger seiner Gefährten. Die Befreiung Azhars war offenbar das eigentliche Motiv des ganzen Unternehmens.

Premierminister Vajpayee befand sich jetzt in einer ähnlichen Zwangslage wie Bundeskanzler Schmidt im Jahre 1977, als die Lufthansa-Maschine nach Mogadischu entführt worden war, um deutsche Terroristen freizupressen, die im Gefängnis von Stammheim saßen. Helmut Schmidt zeigte Härte und gab den Befehl, die deutsche Sondereinheit GSG 9 mit der Erstürmung des Flugzeugs zu beauftragen. Das Risiko war groß, doch die Aktion gelang. Die somalische Regierung hatte mitgespielt und den Einsatz der deutschen Einheit unterstützt. Selbst wenn Indiens «Schwarze Katzen» die für die Erstürmung des Flugzeugs erforderliche Ausrüstung gehabt hätten, wäre es Vajpayee unmöglich gewesen, sie in Kandahar einzusetzen, weil die Taliban das nicht zugelassen hätten. Die indische Regierung ließ sich auf zähe Verhandlungen mit den Entführern ein, während in New Delhi die Angehörigen der entführten Passagiere demonstrierten und die Regierung auf diese Weise unter Druck setzten. Schließlich musste der indische Außenminister Masood Azhar und seine Gefährten nach Kandahar begleiten und sie dort den Entführern übergeben. Die Entführer und die Freigepressten verschwanden zunächst spurlos. Auf indische Anfragen erklärte Pakistan, sie seien dort nicht angekommen. Doch bald tauchten sie doch dort auf und wurden wie Helden gefeiert. Azhar entfaltete sofort wieder seine terroristischen Aktivitäten. Statt *Harkat-ul-Ansar* hieß seine Organisation nun *Jaish-e-Mohammed* (JEM), die «Armee des Mohammed». Die Namen ändern sich, aber was bleibt, sind die Netzwerke der Terroristen – und ihre Fäden führen meist zu Osama bin Laden.

Für die indische Regierung, die gerade die Herausforderung in Kargil gut überstanden hatte, war die Freipressung Azhars eine tiefe Demütigung, zumal dieser sich nicht still verhielt, sondern seine Hasstiraden auf Indien lautstark verkündete. Musharraf schritt nicht gegen Azhar ein, vielleicht war er insgeheim stolz auf die erfolgreiche Aktion, zu der er sich natürlich nicht bekennen durfte.

Mit der Person des pakistanischen Terroristen Azhar trat wieder einmal das Phänomen des militanten islamischen Fundamentalismus ins Licht der Öffentlichkeit. Azhar gehört zu den «Deobandis», einer Sekte, die nach einer islamischen Schule in dem Ort Deoband in Nordindien benannt ist, die im späten 19. Jahrhundert großen Einfluss gewann. Ihre Gelehrten waren anti-britisch und pan-islamisch eingestellt. Sie predigten einen puritanischen Islam. In Pakistan gründeten sie eine eigene fundamentalistische Partei, die *Jamiat-ul-Ulama-e-Islam* (= Vereinigung der islamischen Gelehrten). Sie wurden zu geistigen Bundesgenossen Zias und bildeten in ihren religiösen Schulen in Pakistan viele *Taliban* (religiöse Schüler) aus, zu denen auch Azhar gehört. Das Denken dieser *Taliban* steht in einer Tradition, die hier nicht näher analysiert werden kann. Nur eine kurze Betrachtung des islamischen Fundamentalismus in seinem globalen Kontext soll hier angestellt werden, um besser verstehen zu können, mit welchem Gegner sich die, die den «Krieg gegen den Terror» aufnehmen, auseinandersetzen müssen.

Der globale Kontext des modernen islamischen Fundamentalismus

Die Berufung auf die Offenbarung des Propheten ist für den Islam konstitutiv. Im Unterschied zur christlichen Offenbarung, die viele verschiedene Elemente enthält, ist die des Propheten sozusagen aus einem Guss. Zugleich enthält diese Offenbarung sehr viel detailliertere Handlungsanweisungen und Rechtslehren als das Neue Testament. Diese Anweisungen beziehen sich nicht primär auf den Weg zur Erlösung, sondern sehr konkret auf das Handeln in dieser Welt. Der Gehorsam (Islam) gegenüber Gott drückt sich in der Befolgung dieser Anweisungen aus. Dementsprechend kennt der Islam auch keine Priesterschaft, die Hilfsdienste auf dem Weg zur Erlösung leistet, sondern Rechtsgelehrte (*ulama*), die die im Koran enthaltenen Anweisungen auslegen und in gültige Rechtspraxis umsetzen. Im Islam gibt es weder eine Kirche noch einen Papst, wohl aber das Ideal einer Gemeinschaft der Gläubigen (*umma*). Es gibt auch keine Instanz, die die islamischen Rechtsgelehrten «ordiniert». Ihre Qualifikation besteht darin, dass sie bei einem angesehenen Gelehrten «zur Schule» gegangen sind. In neuerer Zeit versehen jedoch die religiösen Schulen ihre Graduierten durchaus mit Zeugnissen, die denen der weltlichen Universitäten entsprechen. Doch eine «Ordinierung» der Gelehrten gibt es nach wie vor nicht.

Die islamische Orthodoxie besteht aus dem Konsensus dieser Gelehrten. Dieser aber bezieht sich immer wieder auf die schriftlich fixierte Offenbarung als Fundament des Glaubens. So gesehen ist der Islam zwangsläufig «fundamentalistisch». Doch wenn man heutzutage vom islamischen Fundamentalismus spricht, so meint man eine über einen solchen Konsensus hinausgehende radikale Haltung, die sich an der Idealvorstellung der Gemeinschaft der Gläubigen (*umma*) orientiert und daher auch regionale Varianten der Glaubenspraxis nicht anerkennt.

Diese Gemeinschaft der Gläubigen hat es praktisch nur zu Lebzeiten des Propheten gegeben. Mit der raschen Ausbreitung des Islam musste sich dieser an vielerlei regionale Bedingungen anpassen. Die Rechtsgelehrten standen durchaus im Dienste dieser Anpassung. Doch die regulative Idee der *umma* gab denen unter ihnen, die ihrer zeitgenössischen Umwelt kritisch gegenüberstanden, immer wieder einen Ansatzpunkt zur Artikulation ihres Protests. Solcher Protest blieb meist utopisch, aber Utopien haben oft die Kraft, Menschen zu mobilisieren und zu Taten anzuspornen. In diesem Sinne ist auch der moderne islamische Fundamentalismus eine utopische Bewegung, die vor allem junge Menschen fasziniert. Sie fragen nicht danach, ob die Ideen, denen sie Glauben schenken, von einem qualifizierten Rechtsgelehrten stammen oder von einem «Laien» wie Osama bin Laden.

Die Idee von der Gemeinschaft der Gläubigen beinhaltet eine «gerechte» Weltordnung, die es zu verwirklichen gilt. Jeder, der die Ordnung, die in seiner Umwelt herrscht, für ungerecht hält, kann sich von dieser Idee dazu begeistern lassen, sich mit Gleichgesinnten zusammenzufinden, um die «Gerechtigkeit» wiederherzustellen. In diesem Zusammenhang liegt es dann nahe, den Kampf um die Gerechtigkeit als «heiligen Krieg» (*jihad*) zu wagen. Der Islam verspricht dem Glaubenskämpfer (*mujahid*), der sein Leben riskiert, die Erlösung und die Aufnahme ins Paradies. Interpreten der Lehre vom *jihad* haben erklärt, dass dieser Begriff ganz allgemein ein «strebendes Bemühen» und nicht unbedingt den Einsatz von Waffengewalt bedeutet, aber die Versuchung, statt sich langfristig zu bemühen kurzerhand zur Waffe zu greifen, liegt immer nahe. Es kommt hinzu, dass der Opfermut eine erstaunliche menschliche Eigenschaft ist, die dem natürlichen Lebenswillen entgegensteht und selbst die Todesfurcht überwindet, wenn es um eine «gerechte» Sache geht.

Im Zeitalter der fortschreitenden Globalisierung gibt es auch in zunehmenden Maße «Globalisierungsverlierer», die es als «ungerecht» empfinden, dass die Weltentwicklung an ihnen vorübergeht oder sie gar direkt benachteiligt. Zugleich aber bietet die mit der Globalisierung einhergehende Informationsvernetzung ganz neue Chancen des Meinungsaustausches und der Meinungsbildung. Damit ist es möglich, die utopische Idee der Gemeinschaft der Gläubigen zumindest im «virtuellen» Raum (Cyber-space) zu verwirklichen. Das Schlagwort «global denken, lokal handeln» bedeutet in diesem Kontext, dass sich islamische Fundamentalisten überall auf der Welt beraten und ermutigen können, um dann «vor Ort» das zu tun, was der gerechten Sache dient.

Wenn man den Grundsatz akzeptiert, dass der Zweck die Mittel heiligt, ist man bereit jede Art von Gewalt anzuwenden, um der «Gerechtigkeit» zum Sieg zu verhelfen. Auf diese Weise verbinden sich Fundamentalismus und Terrorismus. Es war die Kraft, die aus dieser Fusion entstand, die zur Zerstörung des World Trade Center am 11. September 2001 führte.

Der 11. September 2001 und der «säkulare Fundamentalismus» Amerikas

Für die USA bedeutete die Tat der Luftpiraten ein traumatisches Erlebnis, das das bisherige amerikanische Weltbild erschütterte. Die Amerikaner sehen die USA nicht als ein Land wie jedes andere, sondern als ein von ihnen und ihren Vorfahren geschaffenes gutes Werk. Die Illusion dieses gemeinsam erschaffenen guten Werks wurde zuvor nur einmal erschüttert – durch den Bürgerkrieg. Doch das war eine innere Auseinandersetzung, bei der schließlich die «Gerechtigkeit» siegte. Die Weltkriege, in denen die Amerikaner auch das Gefühl hatten, der Gerechtigkeit zum Sieg zu verhelfen, fanden nicht auf amerikanischem Boden statt. Die Erfahrung, dass eine fremde Macht – und seien es auch nur ein paar Terroristen – den USA einen empfindlichen Schlag versetzen kann, ist für die Amerikaner nicht nur neu, sondern auch in jeder Hinsicht unvorstellbar. Das gute Werk, das die Amerikaner und ihre Vorfahren geschaffen haben, ist nach ihrer Ansicht nicht gegen irgendjemand, sondern als Vorbild für die gesamte Welt errungen worden. Wie kann man es also zerstören wollen?

Man könnte die amerikanische Einstellung auch einen «säkularen Fundamentalismus» nennen. Er steht dem islamischen Fundamentalismus gerade deshalb so verständnislos gegenüber. Die Reaktionen des Präsidenten Geoge W. Bush auf die zerstörerische Tat waren typisch für die amerikanische Grundhaltung. Er forderte einen «Kreuzug» (crusade) gegen die Terroristen ohne sich zu überlegen, was für eine Metapher er da verwendet hatte. Berater müssen ihn aufgeklärt haben, denn bald war nicht mehr von einem Kreuzzug die Rede. Der neue Schlachtruf hieß «Dauerhafte Freiheit» (enduring freedom). Doch bald darauf ordnete Bush einige Länder, die ihm mit den Terroristen zu sympathisieren schienen, in eine «Achse des Bösen» ein. Das klang wieder sehr nach Kreuzzugsmentalität.

Mit dem «Krieg gegen den Terror», den Bush erklärte, hatte er jedoch weltweite Resonanz. Viele Staatsmänner erklärten auf die eine oder andere Weise ihre «uneingeschränkte Solidarität» mit den USA. Auch Indien und Pakistan schlossen sich der Allianz gegen den Terror an – Indien ganz rasch und Pakistan erst nach einigem Zögern. Indiens rasche Reaktion war verständlich. Man braucht nur an die zuvor geschilderte Flugzeugentführung zu denken, von den Jahren des Kampfes gegen den Terror in Kaschmir ganz zu schweigen. Pakistans Zögern war ebenfalls verständlich. Es hatte bis vor kurzem mit amerikanischer Unterstützung das Regime der *Taliban* in Afghanistan aufgebaut und sollte es nun bekämpfen. Das verlangte eine Flexibilität, die auch für den wendigen Musharraf nicht leicht zu erlangen war. Dennoch schaffte er es, das Ruder schnell herumzureißen und nun wie einst sein

Lehrmeister Zia als Herrscher eines für die USA unentbehrlichen «Frontstaats» den Segen der amerikanischen Wohltaten einzuheimsen.

Indien und Pakistan in der «Allianz gegen den Terror»

Die Katastrophe des 11. September bewirkte, dass Indien und Pakistan sich plötzlich als Bundesgenossen der USA in einem Boot befanden. Indien wurde von den USA bald enttäuscht. Es hatte seine Bereitschaft, der Allianz beizutreten, noch vor Pakistan erklärt, musste aber erleben, dass Pakistan als «Frontstaat» für die Amerikaner höchste Priorität hatte. Außerdem musste Indien erleben, dass nun die pakistanischen Terroristen, die sich an Musharraf für seinen Verrat an den Taliban rächen und einen Keil in die Allianz gegen den Terror treiben wollten, Anschläge auf indischem Boden verübten.

Der erste Anschlag dieser Art war der des Selbstmordkommandos, das bereits im Oktober 2001 den Landtag von Kaschmir angriff. Es gab 38 Tote, darunter auch etliche der Attentäter. Die Tat war offenbar von Masood Azhar geplant worden, der umgehend die Namen und Herkunftsorte von vier der beim Anschlag umgekommenen Terroristen veröffentlichte. Sie stammten alle aus Pakistan. Die Fiktion, dass alle Terroranschläge in Kaschmir von einheimischen Freiheitskämpfern verübt werden, wurde auf diese Weise zum ersten Mal aufgegeben. Das konnte nur dem Zweck dienen, den «Verräter» Musharraf zu treffen und ihn sowohl bei den Amerikanern als auch bei den Indern in schlechtes Licht zu setzen. Die indische Regierung, die sonst ein solches Ereignis an die große Glocke gehängt hätte, tat dies nicht, um die Allianz gegen den Terror zu wahren. Doch sie musste in der Folgezeit noch mehrere Schläge dieser Art hinnehmen. Es entstand so die paradoxe Situation, dass Indien Opfer von Aktionen wurde, die Musharrafs Politik torpedieren sollten, sich aber doch nur an Musharraf halten konnte, wenn es galt, gegen den Terrorismus zu protestieren, der ganz offensichtlich von Pakistan aus gegen Indien gerichtet war.

Die Allianz gegen den Terror brachte so Indien zunächst nichts außer noch mehr Terror ein, wo es doch gehofft hatte, mit amerikanischer Unterstützung nun endlich dem Terror den Garaus zu machen. Dennoch hielt man in Indien an dem neuen Bündnis mit den USA fest. Wenn man indischen Experten zuhörte, mochte man meinen, dass Indien schon immer der natürliche Partner der USA in Asien gewesen sei. Die alte Rhetorik der Bündnisfreiheit war so völlig vergessen, als habe es sie nie gegeben.

Musharraf wiederum war in seiner neuen Rolle als Herrscher des «Frontstaats» in einer sehr schwierigen Position. Er hatte die Reihen seiner Generalität «gesäubert», um sich *Taliban*-Sympathisanten vom Leibe zu halten, die es naturgemäß aufgrund der langen Zusammenarbeit mit dem afghanischen Regime in der Armee gab. Besonders bei der ISI waren sie noch in größerer Zahl vorhanden. Dabei spielten nicht nur rein ideologische Gründe eine Rolle. Der Anbau und der Schmuggel von Opium (Heroin) war die Haupteinnahmequelle des *Taliban*-Regimes gewesen, und davon hatten natürlich auch die pakistanischen Offiziere profitiert, die es mit den *Taliban* zu tun hatten. Der Krieg gegen den Terror verband sich mit einem Krieg gegen das Rauschgift. Den Amerikanern konnte das nur recht sein, aber für ihre pakistanischen Bundesgenossen entstanden dabei Interessenkonflikte.

Der überraschend schnelle Zusammenbruch des *Taliban*-Regimes war für Pakistan ein schwerer Schlag. Er bedeutete den Aufstieg der von Indien und Russland unterstützten «Nordallianz», die denn auch zunächst die Macht in Kabul übernahm, während die Pakistan näherstehende ethnische Mehrheit der Pashtunen (Pathanen) in der neuen Regierung nur eine marginale Rolle spielte. Die Amerikaner hatten sogar die rasche Eroberung Kabuls durch die Nordallianz hinauszögern wollen, um dort eine Regierung einsetzen zu können, die eher den Vorstellungen Pakistans entsprach. Aber sie konnten schlecht einerseits den Zusammenbruch des *Taliban*-Regimes herbeiführen wollen und andererseits ihren wichtigsten Verbündeten in Afghanistan in den Arm fallen. Die Lage hätte ganz anders ausgesehen, wenn die Amerikaner die pakistanische Armee eingeladen hätten, in Afghanistan einzumarschieren. Doch so ernst wollten weder Amerikaner noch Pakistaner die Allianz gegen den Terror nehmen. Indien wäre von einem solchen Einsatz der pakistanischen Armee wohl auch entsetzt gewesen. Es hoffte schließlich auf die Wiederherstellung eines von Pakistan weitgehend unabhängigen Afghanistan, das wie früher ein Gegengewicht zum feindlichen Nachbarn Pakistan darstellte. So spukten hinter der Kulisse der Allianz gegen den Terror die alten Gespenster geopolitischer Rivalitäten.

In geopolitischer Hinsicht hat Pakistan durch den Zusammenbruch des *Taliban*-Regimes viel verloren. Die *Taliban* waren Klienten Pakistans, sie waren zudem militärisch weniger erfahren und schlechter gerüstet als die pakistanische Armee. Afghanistan bot Pakistan die strategische Tiefe, die es sich immer gewünscht hatte. Sie entsprach zwar immer noch nicht der Tiefe des indischen Raums, war aber nicht zu verachten. Das «schmale» Pakistan, das von der indischen Armee rasch überrannt werden könnte, ist daher weit mehr als Indien auf die «ultima ratio» der Atombombe angewiesen und glaubt, sich den Luxus eines Verzichts auf einen nuklearen Erstschlag nicht leisten zu können, den Indien bereits kurz nach seinen Tests verkündet hat.

Die Allianz gegen den Terror konnte den Konflikt zwischen Indien und Pakistan nur kurz in den Hintergrund drängen. Die Krieg-in-Sicht-Krise des folgenden Jahres ließ den Konflikt wiederaufleben und machte ihn bedrohlicher als je zuvor.

10. Die Krieg-in-Sicht-Krise des Jahres 2002

Der Terroranschlag auf das indische Parlament im Dezember 2001

Der Auftakt zur Krieg-in-Sicht-Krise, die den Sommer des Jahres 2002 überschattete, war der Terroranschlag auf das indische Parlament vom 13. Dezember 2001. Es spricht alles dafür, dass dieser Anschlag nicht im Auftrag der pakistanischen Regierung verübt wurde, sondern eher dazu dienen sollte, einen Keil zwischen Indien und Pakistan als Bundesgenossen der Allianz gegen den Terror zu treiben. Das ist den Terroristen denn auch gelungen. Es zeigte sich dabei eines der Grundprobleme des Krieges gegen den Terror. Während die Aktion von Terroristen ausgeht, die ihre eigenen Motive und Ziele haben, richtet sich die Reaktion der betroffenen Staaten naturgemäß gegen die Staaten, aus denen die Terroristen stammen und denen daher eine gewisse Verantwortung für die Taten der Terroristen zugemessen wird. Das kann dazu führen, dass nach einem spektakulären Anschlag, der das Werk weniger Terroristen ist, ganze Armeen mobilisiert oder gar Atombomben einsatzfertig gemacht werden.

Der Anschlag auf das indische Parlament wurde offenbar von Masood Azhars JEM und einer gleichgesinnten pakistanischen Organisation, der *Lashkar-i-Taiba* (= Heer der Reinen), geplant und ausgeführt. Wie bereits erwähnt, ist Azhar ein «Deobandi», die *Lashkar-i-Taiba* ist der 1993 gegründete militante Zweig der *Ahl-i-Hadith*, einer fundamentalistischen Gruppierung, die in Muridke bei Lahore eine jetzt auch als Universität anerkannte Bildungsanstalt *Markaz Dawatul Irshad* (= Zentrum für Missionskunde) unterhält, die eine besondere Abteilung zur Ausbildung junger afghanischer Flüchtlinge hatte, wo auch sie *Taliban* produzierte. Ihr führender Kopf ist Professor Hafiz Mohammed Saaed. Ihr Vertreter in Kaschmir ist Zakr-ul Rehman Lakhnavi.

Beide Organisationen waren sowohl mit dem *Taliban*-Regime in Afghanistan als auch mit den terroristischen Aktivitäten in Kaschmir eng verbunden. Beiden gilt Musharraf als «Verräter».

Der Erfolg des Anschlags auf das indische Parlament wurde buchstäblich im letzten Moment von den indischen Polizisten vereitelt, die vor dem Parlament Wache hielten. Die Attentäter hatten sich gestohlene indische Polizeiuniformen angezogen und waren daher nicht leicht zu entdecken. Sie hatten ihr Vorhaben offenbar sehr sorgfältig vorbereitet. Wäre es ihnen gelungen, in das Parlament einzudringen, hätte sie dort niemand mehr daran hindern können, die Abgeordneten, darunter auch die meisten Mitglieder der indischen Regierung, niederzumetzeln. Traditionsgemäß dürfen innerhalb des Parlaments keine Waffen getragen werden. Das gilt auch für das Aufsichtspersonal, das daher den Attentätern hilflos gegenübergestanden hätte.

Obwohl der Anschlag scheiterte, hatte er doch einen bedeutsamen symbolischen Effekt, der die indische Regierung in Zugzwang setzte. Premierminister Vajpayee befand sich in einer ähnlichen Situation wie Präsident Bush nach der Zerstörung des World Trade Centers. Der Kern des indischen Staates, das Parlament, war angegriffen worden. Danach konnte man nicht zur Tagesordnung übergehen, wie es noch nach dem Anschlag auf den Landtag von Jammu und Kaschmir wenige Wochen zuvor geschehen war. Indische Truppen marschierten an der Grenze Pakistans auf. Dass die Organisationen, die den Anschlag zu verantworten hatten, in Pakistan beheimatet waren, galt in Indien als erwiesen, wurde aber von pakistanischer Seite bestritten. Wie dem auch sei, Präsident Musharraf befand sich in einer sehr misslichen Lage. Hatte er die Tat nicht gedeckt, so hatte er sie auch nicht verhindert. Wenn es ihm aber nicht möglich war, solche Taten zu verhindern, so war das ein Armutszeugnis für ihn und seine Regierung. Er gab denn auch beflissen dem amerikanischen Druck nach, die von Indien benannten terroristischen Organisationen zu verbieten und ihre Führer zu inhaftieren. Eine Auslieferung solcher Führer an Indien lehnte er freilich ab – und inwieweit ihre Inhaftierung wirklich praktiziert wurde, bleibt unklar. Immerhin haben diese Leute viele Sympathisanten in Pakistan, mit denen sich Musharraf nicht anlegen will, zumal er mit seinem

«Verrat» an den Taliban schon genug «Schuld» auf sich geladen hat.

Andererseits sah sich Musharraf von der Massierung indischer Truppen an der Grenze Pakistans bedroht und musste darauf bedacht sein, den Konflikt mit Indien zu de-eskalieren. Dazu ergriff er nun seinerseits eine Friedensoffensive, mit der er wohl nachahmen wollte, was Vajpayee 1999 mit seinem Besuch in Lahore zu tun versucht hatte, bei dem er seinen pakistanischen Kollegen Nawaz Sharif umarmt hatte. Musharraf hatte damals diese Friedensoffensive mit dem Angriff auf Kargil hintertrieben. Seitdem war ihm Vajpayee stets mit größtem Misstrauen begegnet. Ein Treffen der beiden Regierungschefs in Indien im Sommer 2001 war ergebnislos geblieben. Freilich hatte Musharraf, der sich praktisch selbst dazu eingeladen hatte, durchaus erreicht, was er mit diesem Besuch bezweckt hatte. Er hatte sich kurz zuvor vom *Chief Executive Officer*, wie er den Posten des Militärdiktators beschönigend genannt hatte, zum Präsidenten Pakistans «befördert» und war als solcher in Indien empfangen worden. Das trug zu seiner internationalen Legitimation bei. Das britische Commonwealth ließ sich davon allerdings noch nicht beeindrucken. Es hatte Pakistan nach dem Militärcoup von der Mitgliedschaft in diesem ehrwürdigen «Club» suspendiert; auch Musharrafs eigenmächtige Beförderung zum Präsidenten änderte daran nichts.

Ein anderes Forum, dem Indien und Pakistan immer noch gemeinsam angehören, ist die *South Asian Association for Regional Cooperation* (SAARC). Seit der ersten SAARC-Gipfelkonferenz 1985 hatten jährlich solche Konferenzen stattgefunden, da sie den Regierungschefs Gelegenheit zu zwanglosen Gesprächen bieten, die sonst bei bilateralen Konferenzen, die unter Communiqué-Zwang stehen, nicht möglich sind. Wurden die SAARC-Konferenzen ausgesetzt, so deutete das immer auf Spannungen zwischen Indien und Pakistan hin. Aus naheliegenden Gründen fanden von 1998 bis 2001 keine solchen Gipfelkonferenzen statt. Doch Anfang 2002 kam es nach dieser langen Pause – geradezu wider Erwarten – doch noch zu einer Gipfelkonferenz in Kathmandu.

Musharraf nutzte diesen SAARC-Gipfel von 2002 dazu, nach seiner sehr versöhnlichen Rede Vajpayee an dessen Platz aufzusuchen und ihm demonstrativ die Hand zu schütteln. Dieser Händedruck – eine westliche Grußform, die sonst in Südasien nicht praktiziert wird – traf Vajpayee unvorbereitet. Das Schütteln der Hände ging sichtlich nur von der Hand des Generals aus. Diesmal konnte man Vajpayees Körpersprache entnehmen, dass er von diesem Händedruck nicht begeistert war – aber nicht, weil er Musharraf hintergehen wollte, sondern weil er ihm immer noch nicht verzeihen konnte, was er ihm mit dem Angriff auf Kargil angetan hatte.

In der Tat wurden die Spannungen zwischen den beiden Ländern nach diesem Händedruck zunächst einmal wieder reduziert, zumal keine bedeutsamen terroristischen Vorstöße von pakistanischer Seite zu verzeichnen waren. Erst Mitte Mai stiftete ein Terroranschlag auf eine kleine indische Garnison in der Nähe der Stadt Jammu erneut Unruhe. Es kamen dabei Frauen und Kinder von Soldaten und Offizieren der indischen Armee um. Dass die Armee sich dafür nicht rächen durfte, steigerte ihren Zorn. Doch Vajpayee ließ sich von seiner besonnenen Haltung nicht abbringen. Nur einmal sagte er verärgert, Indien hätte gleich nach dem Anschlag aufs Parlament losschlagen sollen.

Innenpolitisch hatte er in dieser Zeit eine ganz andere Herausforderung zu bewältigen, die nicht unmittelbar mit dem Kaschmirkonflikt zusammenhing, aber sich dennoch auf ihn auswirken musste. Die BJP hatte eine Reihe von Landtagswahlen verloren, die Landesregierung von Gujarat war die einzige, die ihr verblieben war – und ausgerechnet dort kam es zu Pogromen, die ganz Indien erschütterten.

Die Pogrome in Gujarat

Der Ministerpräsident von Gujarat, Narendra Modi, ist ein fanatischer Hindu-Nationalist, ein Führer des RSS (*Rashtriya Swayamsevak Sangh* = Nationaler Selbsthilfebund). Der RSS ist nach seinem eigenen Selbstverständnis eine kulturelle und keine politische Vereinigung. Viele BJP-Politiker, so auch Vajpayee und Advani, sind aus dem RSS hervorgegangen, doch hatte die BJP es bisher vermieden, Männer, die im RSS Führungspositionen innehatten wie Modi, unmittelbar zu Ministerpräsidenten zu machen.

In der Krise, die Gujarat im Frühjahr 2002 befiel, geriet Modi ins Zwielicht, weil er offenbar nichts tat, um das Unheil abzuwenden, das bald großes Aufsehen erregte.

Die Unruhen begannen damit, dass eine Gruppe von Hindu-Nationalisten, die von einem Besuch in Ayodhya zurückkehrten, bei der Bahnstation Godhra in Gujarat von Muslimen angegriffen und in ihren Eisenbahnwaggons eingeschlossen und verbrannt wurden. Über das, was in Ayodhya 1992 geschehen war, wurde bereits berichtet. Es war geplant, auf den Ruinen der zerstörten Moschee nun wieder einen Rama-Tempel zu bauen, doch dieser Plan war immer wieder aufgeschoben worden, weil die Regierung weitere Unruhen befürchtete. Der Besuch der Hindu-Nationalisten, die in Gujarat den Tod fanden, stand offenbar in Verbindung mit Bemühungen, den Tempelbau voranzutreiben. Auf der Heimreise machten sich einige von ihnen unliebsam bemerkbar, indem sie bei muslimischen Verkäufern Reiseproviant bestellten, dann aber nicht bezahlten. Darüber kam es bereits im Bahnhof von Godhra zum Streit. Der Zug fuhr weiter, wurde aber bald darauf durch das Ziehen der Notbremse angehalten und stand nun mitten in einem großen muslimischen Slum, dessen Bewohner sich auf die Hindus stürzten, die den Streit angefangen hatten. Einige Eisenbahnwaggons wurden von den Muslime verriegelt und verbrannt, dabei sollen 58 Hindus, meist Frauen und Kinder, zu Tode gekommen sein.

Es handelte sich offensichtlich um einen spontanen Konflikt und keinen Terroranschlag, doch Modi verkündete, dass es sich um einen Terroranschlag der Muslime handele. Eine solche Vermutung lag nach dem Anschlag auf das indische Parlament nahe, dennoch hätte Modi genauere Erkenntnisse abwarten müssen. Er konnte sich denken, dass er mit seiner Ankündigung Rachegefühle weckte, die sich dann in der Großstadt Ahmedabad entluden, wo es zu einem schrecklichen Pogrom kam, bei dem über 700 Muslime den Tod fanden. Im Unterschied zu den spontanen Unruhen bei Godhra zeigte das Pogrom in Ahmedabad allerdings Spuren längerfristiger Planung. Man hatte offenbar nur auf einen geeigneten Anlass gewartet. Geschäfte und Hotels, die Muslimen gehörten, wurden gezielt angegriffen, ausgeplündert und verbrannt. Die Beteiligten waren nicht etwa nur kriminelle

Abb. 6: Gewalttätige Ausschreitungen gegen indische Muslime und deren Hab und Gut in Ahmedabad am 28. Februar 2002. Foto: AP/Siddharth Darshan Kumar

Elemente; Angehörige der hinduistischen Mittelklasse fuhren mit Lieferwagen vor und transportierten geplünderte Waren ab. Einige wollten dabei wohl auch ihre muslimischen Konkurrenten ausschalten. Der Polizei war offenbar das Eingreifen untersagt worden. Auch machte die Regierung keine Anstalten, die Armee herbeizurufen. Diese griff erst ein, nachdem ein Fernsehreporter, der die Straßenszenen in Ahmedabad gefilmt hatte, in seinen Sendungen den dringenden Appell an die Bundesregierung richtete, die Armee dorthin zu senden. Sie konnte nach einiger Zeit Ruhe und Ordnung wiederherstellen. Es wurden nun Forderungen nach dem Rücktritt Modis erhoben, doch er blieb im Amt.

Das Pogrom in Ahmedabad erinnert in soziologischer Hinsicht an die Judenverfolgungen in Deutschland. Auch die Muslime in Gujarat waren bisher gut in die Gesellschaft integriert, so wie es die Juden vor den Verfolgungen in Deutschland waren. In Kleidung und Lebensart unterscheiden sie sich nicht von den Hindus. Sie sind geschäftstüchtige Kaufleute wie ihre hinduistischen Nachbarn. Mahatma Gandhi, der aus Gujarat stammte, war einst von einem Muslim aus Gujarat nach Südafrika gesandt worden, um einen dorthin ausgewanderten Geschäftspartner in einem Rechtsstreit zu unterstützen. Dass das Pogrom in der Heimat Gandhis stattfand, war geradezu eine Ironie der Geschichte.

Die Ausschreitungen gegen die Muslime blieben zum Glück auf Gujarat beschränkt und zogen keine weiteren Kreise in Indien. Doch das Signal, das von Gujarat ausging, konnte die indischen Muslime nur verunsichern. Das galt auch für Jammu und Kaschmir, wo sich die indische Regierung seit Jahren um die Normalisierung des politischen Lebens bemüht hatte.

Die politische Entwicklung in Kaschmir

In Jammu und Kaschmir war es unter dem Ministerpräsidenten Farooq Abdullah in den Jahren seit 1999 verhältnismäßig ruhig geblieben, wenn man einmal vom Kampf um Kargil absieht, der nicht weit vom Tal von Kaschmir tobte. Doch Kargil erwies sich als ein Blitzableiter, der die Spannung vom Tal von Kaschmir abzog. Auch die Konfrontation an der indisch-pakistanischen Grenze im Jahr der Krieg-in-Sicht-Krise ließ das Tal von Kaschmir weitgehend unberührt. Es kam immer wieder zu Schießereien an der *Line of Control*, aber das war nicht ungewöhnlich. In einigen Gegenden besonders intensiven Schusswechsels kam es allerdings zur Massenflucht der örtlichen Bevölkerung. Das Jahr 2002 war in Jammu und Kaschmir wieder ein Wahljahr. Farooq Abdullah dachte daran, sich aufs Altenteil zu begeben. Es war jetzt immerhin zwanzig Jahre her, seit er seinen Vater beerbt hatte, und nun stand sein Sohn bereit, das Erbe zu übernehmen. Ende Juni 2002 wurde Omar Abdullah, Staatsminister im indischen Außenministerium, in Srinagar zum Parteivorsitzenden der National Conference gewählt. Damit wurde er zum Spitzenkandidaten seiner Partei für die nächsten Wahlen, die im September stattfinden sollen.

Farooq Abdullah hatte sich den Übergang aufs Altenteil recht glanzvoll vorgestellt. Er wollte Staatspräsident von Indien werden und glaubte, begründete Hoffnungen auf eine Nominierung zu haben. Doch dann wurde Abdul Kalam, der «Vater der indischen Atombombe», für den hohen Posten ausersehen. Jetzt muss Vajpayee wohl daran denken, einen Ministerposten in seinem Kabinett für Farooq Abdullah zu finden.

Die *All-Parties Hurriyat Conference* (APHC), die eigentlich im Wahlkampf gegen die *National Conference* antreten sollte, um endlich wieder der Demokratie in Jammu und Kaschmir eine gesunde Grundlage zu geben, hat bisher nur verlauten lassen, dass sie die Wahlen wiederum zu boykottieren gedenkt, wie sie das schon mehrmals zuvor getan hat. Die Ermordung ihres bedeutenden Führers Abdul Ghani Lone im Mai 2002, der eventuell bereit gewesen wäre, den Boykott aufzugeben, ist ohne Zweifel ein Rückschlag für die Demokratie in Jammu und Kaschmir.

Das Beharren auf dem Boykott hat aber vermutlich auch noch einen tieferen Grund. Es ist der einzige gemeinsame Nenner der verschiedenen politischen Gruppen, die der APHC angehören. Sobald ein Wahlprogramm formuliert werden müsste, würden einige Gruppen nicht mehr mitmachen, weil ihre Vorstellungen nicht denen der anderen entsprechen. Doch selbst wenn ein gemeinsames Programm durchgesetzt werden könnte, dürfte die Zahl der Sitze, die die APHC gewinnen könnte, sehr begrenzt bleiben. Dann würde man ihre politische Bedeutung an der Zahl dieser Sitze messen. All das wissen natürlich auch die Berater der APHC in Pakistan, die daher die Beibehaltung des Boykotts fordern. Der Tod Lones dürfte Mitglieder der APHC, die dennoch «Demokratie wagen» wollen, nicht gerade ermutigen.

Zur Zeit läuft die politische Entwicklung Kaschmirs wohl auf die Fortführung der Vorherrschaft der *National Conference* hinaus – vermutlich unter einem Abdullah der dritten Generation.

Truppenaufmärsche und Raketendemonstrationen

Im Jahr der Krieg-in-Sicht-Krise war es jedoch weniger Jammu und Kaschmir selbst als sein spannungsgeladenes Umfeld, das die Welt in Atem hielt. Indien und Pakistan ließen mehrere Divisionen auf beiden Seiten der Grenze aufmarschieren. An manchen Stellen der *Line of Control* kam es zu regelmäßigem Schusswechsel. Artillerie war auf beiden Seiten im Einsatz. Die Grenze wurde nicht überschritten, aber das «Säbelrasseln» war laut und deutlich. Indien verlangte, dass Musharraf die Unterstützung der Terroristen, die weiterhin von Pakistan nach Kaschmir eindrangen, beenden solle. Doch Musharraf befand sich in einer Zwangslage. Die

Abb. 7: Der Konflikt zwischen Indien und Pakistan macht viele Kaschmiris zu Flüchtlingen: Nach der Evakuierung des Ortes Chinari, der direkt an der *Line of Control* liegt, im Frühjahr 2002 müssen die Frauen unter freiem Himmel kochen. Foto: AP/Roshan Mughal

fundamentalistischen Terroristen trachteten ihm nach dem Leben. Je mehr er Indien entgegenkam, desto stärker wurde der Hass der Fundamentalisten auf ihn.

Erst kürzlich wurde bekannt, dass Musharraf im Frühjahr 2002 knapp einem Bombenanschlag entkommen ist. Ein Polizist, der zu seiner Leibwache gehörte und ein Komplize der Attentäter war, steht jetzt vor Gericht. Er hat gestanden, dass er die Attentäter genau darüber informiert hatte, wann Musharraf an der riesigen Sprengladung vorbeifahren würde, die ferngezündet werden sollte. Musharraf hatte Glück; der Zünder versagte. Aber er ist sich seines Lebens nicht mehr sicher.

Das Referendum, mit dem er sich im Frühjahr in seinem Amt als Präsident bestätigen ließ, hat er zwar gewonnen, aber es hat seine Popularität nicht erhöht. Deshalb fühlte er sich genötigt, eine Reihe von Raketentestflügen durchzuführen, die offenbar Indien in Angst und Schrecken versetzen sollten, eigentlich aber nur der internen Machtdemonstration dienten. So sah es auch die indische Führung, die die Raketen, die da abgeschossen wurden, schon lange gut kannte. Es handelte sich um dieselben chinesischen und nordkoreanischen Raketen, die in Pakistan umgetauft worden waren und schon zuvor zu solchen Machtdemonstrationen gedient hatten.

Indien kann solche Demonstrationen mit Gelassenheit hinnehmen. Im Gegensatz zu Pakistan verfügt es nämlich über ein leistungsfähiges Raketenbauprogramm. Die *Indian Space Research Organisation* (ISRO) in Bangalore ist eines der führenden Raumfahrtlaboratorien der Welt. Das Programm von ISRO dient nicht vorrangig dem militärischen Raketenbau, sondern der Entwicklung von Raketen, mit denen in Indien gefertigte Satelliten in den Weltraum transportiert werden können – neuerdings sogar in geostationäre Umflaufbahnen. Raketen, die einen Satelliten, der zwei Tonnen wiegt, in den Weltraum transportieren, können auch zur Grundlage eines Systems von Interkontinentalraketen mit einer Reichweite von 8000 Kilometern werden. Noch verfolgt Indien solche Pläne nicht, aber das Potenzial ist gegeben. Daher konnte denn auch Musharraf mit seinen Raketendemonstrationen allenfalls seine eigenen Landsleute beeindrucken.

Die Provokation, die mit diesen Raketentests beabsichtigt war, wurde allerdings auch von den USA und anderen westlichen Mächten bestürzt zur Kenntnis genommen. Sie sollte ja ohne Zweifel andeuten, dass Pakistan einen nuklearen Erstschlag ausführen konnte. Musharraf zeigte sich wieder einmal als Meister der «brinkmanship».

Der Reigen der Friedensstifter

Die Vermittler kamen bald geradezu in Scharen nach Indien und Pakistan. Musharraf hieß sie alle willkommen und gab sich betont gesprächsbereit, auch wenn ihm die Friedensstifter Ratschläge erteilten, die er nicht befolgen wollte. Die Ratschläge waren nicht so wichtig, aber die internationale Aufmerksamkeit, die der Reigen der Friedensstifter erregte, kam ihm zugute. Für Indien dagegen waren die Vermittlungsversuche schwer zu ertragen, weil es auf seinem Standpunkt beharrte, dass es nichts zu vermitteln gäbe und Pakistan zunächst seine Begünstigung terroristischer Aktivitäten einstellen müsse.

Der Höhepunkt der Vermittlungsversuche wurde Anfang Juni auf dem asiatischen Gipfeltreffen in Almaty, Kasachastan, erreicht, bei dem es um die Sicherheitspolitik der beteiligten Länder ging. Der Gastgeber, Präsident Nursultan Nasarbeiev, bemühte sich ganz besonders darum, Vajpayee und Musharraf zu einem Gespräch zu veranlassen. Musharraf zeigte sich wie üblich gesprächsbereit, aber Vajpayee wollte nicht mit ihm reden. Er teilte den Friedensstiftern mit, dass Musharraf Indiens Forderungen bekannt seien, er sich aber bisher nicht bemüht habe, sie zu erfüllen. Auch Chinas Jiang Zemin und Russlands Wladimir Putin wollten sich als Friedensstifter bemühen. Aber keiner der Anwesenden hätte wirklich etwas für Indien tun können, das weiterhin nur von den USA ernsthafte Unterstützung erhoffen konnte. Daran hatte es aber zu dieser Zeit zu zweifeln begonnen, wie Advani betonte, der bei seinem Besuch in den USA im Januar noch von Präsident Bush die Botschaft bekommen hatte, dass er den Anschlag auf das indische Parlament genauso bedauere wie die indische Führung. Vom amerikanischen Druck auf Pakistan war seitdem wenig zu spüren gewesen; noch war Pakistans «Frontstaat»-Rolle nicht ausgespielt, und Musharraf wusste das zu nutzen.

Mitte Juni trafen kurz hintereinander der stellvertretende amerikanische Außenminister Armitage und der Verteidigungsminister Rumsfeld in Südasien ein. Jetzt endlich schien sich wieder etwas im Sinne Indiens zu bewegen. Musharraf versprach den Amerikanern, die Entsendung von Terroristen über die Grenze völlig zu unterbinden. Indien, das inzwischen Überflüge pakistanischer Zivilflugzeuge untersagt und den pakistanischen Botschafter in New Delhi des Landes verwiesen hatte, signalisierte nun Entspannung. Die Krieg-in-Sicht-Krise schien überwunden zu sein. Vajpayee ließ es sich nicht nehmen, sozusagen als Epilog zu dieser Krise zu verkünden, dass Indien auch einen Atombombenangriff mit Fassung ertragen hätte, aber gehofft habe, dass Pakistan sich nicht zu solchem Wahnsinn hinreissen lasse. Gefragt, ob Indien die Amerikaner nun als Vermittler im Kaschmirkonflikt akzeptiere, machte er einen feinen Unterschied, sie seien als «Anbahner» (facilitator) von Gesprächen willkommen, doch das bedeute nicht, dass man sie als «Vermittler» (mediator) anerkenne. Bei aller Betonung der neuen Partnerschaft mit den USA wollte Indien doch nicht von der Position abgehen, dass es im Kaschmirkonflikt nichts zu vermitteln gäbe. Immerhin wich Vajpayee mit seiner vorsichtigen Stellungnahme vom strikten Bilateralismus ab und gestand den Amerikanern eine diplomatische Rolle bei der Lösung des Kaschmirkonflikts zu. Ob und wie sie diese Rolle erfolgreich spielen können, muss die Zukunft erweisen.

Epilog: Szenarien der Zukunft

Eine Teilung von Jammu und Kaschmir?

Die Krieg-in-Sicht-Krise scheint zunächst einmal wieder überwunden zu sein, doch der Kaschmirkonflikt besteht fort. Er könnte bald wieder zum Anlass einer Konfrontation der Atommächte Indien und Pakistan werden. Da ist es angebracht, sich früheren Lösungsvorschlägen zuzuwenden, die zur Unzeit gemacht wurden und auf Nimmerwiedersehen in den Archiven verschwanden. So erging es dem Vorschlag des 1950 von den Vereinten Nationen berufenen australischen Vermittlers Sir Owen Dixon, der einer Lösung des Konflikts sehr nahe gekommen war. Doch als er seinen Bericht vorlegte, begann der Koreakrieg, der von den Vereinten Nationen geführt wurde. Die kommunistischen Mächte brachten nun die Bemühungen der Vereinten Nationen, in Kaschmir zur Vorbereitung der Volksabstimmung eine womöglich noch unter amerikanischem Vorsitz gebildete Administration zu errichten, mit dem Koreakrieg in Zusammenhang. Wollte man vielleicht einen Brückenkopf in Kaschmir errichten, um damit geostrategische Ziele zu verfolgen? Indiens bündnisfreie Politik, die gerade Konturen gewann, wurde von den Mächten des Ostblocks daran gemessen, ob es diesen «Missbrauch» Kaschmirs durch die Vereinten Nationen zuließe oder nicht. Kein Wunder, dass Dixons Vorschlag zu dieser Zeit zu den Akten gelegt wurde. Jetzt, da die weltpolitische Lage sich völlig gewandelt hat, kann man diesen Vorschlag vielleicht wieder hervorholen und auf seine Eignung für die Konfliktlösung prüfen.

Dixon wollte das ethnische Mosaik von Jammu und Kaschmir auseinanderdividieren und die immer wieder geforderte Volksabstimmung lokalisieren und präzisieren. Das mehrheitlich von Hindus bewohnte Jammu und das von Buddhisten bewohnte Ladakh sollten ohne weitere Abstimmung bei Indien verbleiben.

Die nördlichen muslimischen Gebiete von Gilgit und Baltistan, die von Pakistan besetzt worden waren, sollte Pakistan behalten. Die Volksabstimmung sollte sich auf das Tal von Kaschmir beschränken, denn nur dort war die Stellungnahme der Bevölkerung fraglich. Indien war zunächst bereit, diesem Vorschlag zuzustimmen, doch Pakistan lehnte ihn kategorisch ab. Das war verständlich, weil Pakistan hoffte, bei einer Volksabstimmung im gesamten Staat, der außerhalb des Tals von Kaschmir nur dünn besiedelt ist, das ganze Territorium zu bekommen. Dass das mehrheitlich von Muslimen bewohnte Tal von Kaschmir für Pakistan stimmen würde, musste Pakistan schon wegen seiner Gründungsidee für sicher halten. Die indischen Befürchtungen, dass das von Pakistan erwartete Ergebnis eventuell negative Folgen für die muslimische Minderheit in Indien haben könnte, waren damals noch nicht so deutlich wie später. Außerdem waren Sheikh Abdullah und seine *National Conference* zu jener Zeit auf der Höhe ihrer Macht, und daher konnte Indien sogar hoffen, dass eine Abstimmung im Tal von Kaschmir durchaus positiv für Indien ausgehen würde.

Die *National Conference* war und ist eine Bauernpartei. Sheikh Abdullah hatte durch die Enteignung der feudalen Großgrundbesitzer und die Sicherung des bäuerlichen Besitztums die Dankbarkeit der ländlichen Wählerschaft erworben. Es kam hinzu, dass die in der indischen Verfassung gesicherte Autonomie Kaschmirs auch beinhaltet, dass der Landerwerb dort nur den Einheimischen vorbehalten ist. Die Bauern brauchten daher nicht zu befürchten, dass reiche Leute aus anderen Teilen Indiens ihnen das Land abjagen würden. Bei einem Anschluss an Pakistan wäre diese Besitzstandwahrung nicht gesichert gewesen. Sheikh Abdullah betonte in seinen Reden oft, dass Pakistan von einer feudalen Clique regiert werde. Solchen Leuten hatte er in Kaschmir buchstäblich den Boden entzogen. Natürlich wäre eine Besitzstandwahrung auch in einem unabhängigen Kaschmir möglich gewesen. Doch wie bereits mehrfach gesagt, waren weder Indien noch Pakistan an einer solchen Unabhängigkeit interessiert.

Die Gründe, die Indien bewogen, Dixons Vorschlag zunächst positiv aufzunehmen, bestehen auch heute noch, deshalb sind sie in jüngster Zeit wieder diskutiert worden. Die *National Conference* ist nach wie vor im Tal von Kaschmir gut vertreten, weil die

Bauern ihr Besitztum unter ihrem Schutz gut aufgehoben wissen. In Pakistan ist auch bisher keine nennenswerte Landreform durchgesetzt worden; das, was Sheikh Abdullah seinen Wählern um 1950 über Pakistan sagte, gilt daher immer noch. Der Traum von der Unabhängigkeit ist zwar noch nicht ausgeträumt, doch wenn eine Volksabstimmung nur auf das Tal von Kaschmir beschränkt bleibt, dürfte eine realistischere Betrachtung angebracht sein. Ein unabhängiges Tal von Kaschmir wäre nicht viel mehr als ein großes Andorra im Himalaya.

Die Option der Unabhängigkeit dürfte aber bei einer Volksabstimmung, die von Indien und Pakistan gebilligt würde, ohnehin nicht gegeben sein. Außerdem würde eine Abstimmung über drei Optionen (Anschluss an Pakistan, Verbleiben bei Indien, Unabhängigkeit) unter Umständen dazu führen, dass sich für keine eine absolute Mehrheit ergibt und man von vornherein einen zweite Abstimmung einplanen müsste.

Selbst wenn eine Abstimmung unter Aufsicht der Vereinten Nationen erfolgen und zu einem unumstrittenen Ergebnis führen würde, wäre der Konflikt damit noch nicht gelöst, sondern könnte neue Formen annehmen. Im günstigsten Fall käme ein Anschluss an Pakistan zustande, wobei Pakistan die Autonomie Kaschmirs respektieren und sich verpflichten würde, den Besitzstand der Bauern zu wahren. Indien hätte dann keinen Grund zum Einspruch. Fällt die Abstimmung aber für einen Verbleib bei Indien aus, könnte sich Pakistan nur schlecht damit abfinden, weil damit das Gründungsprinzip Pakistans in Frage gestellt würde. Es gab keine Volksabstimmung über die Gründung Pakistans, das durch einen Verwaltungsakt der scheidenden Kolonialherren geschaffen wurde. Die Legitimität dieser Gründung wird aber in Pakistan so gesehen, als sei sie durch eine Abstimmung zustande gekommen. Wird nun tatsächlich eine Abstimmung vorgenommen – auch wenn sie sich auf das Tal von Kaschmir beschränkt – und geht dann zu Ungunsten Pakistans aus, könnte dies das Land in eine Krise stürzen. Doch auch wenn die Abstimmung für Pakistan positiv ausgeht, könnte dies negative Konsequenzen haben. Lange Zeit hat die «Befreiung» Kaschmirs geradezu als oberstes Staatsziel Pakistans gegolten. Wäre dieses Ziel erreicht, könnten sich innere ethnische Spannungen und andere Unruhen bemerkbar machen, auch entfiele ein Hauptgrund für die Erhaltung einer überdimensionierten Armee. Im schlimmsten Fall käme es zu einer Implosion Pakistans, die ganz Südasien erschüttern könnte.

Indien könnte mit dem Ergebnis einer Abstimmung sehr viel besser umgehen als Pakistan, ganz gleich wie es ausfiele. Käme es zu einem Anschluss des Tals von Kaschmir an Pakistan, brauchte man sich nur Sorgen um die Auswirkung auf die muslimische Minderheit in Indien zu machen. Doch das waren in erster Linie Nehrus Sorgen, die mit ihm gestorben sind. Heute dürfte ein Pogrom, wie es gerade in Gujarat stattgefunden hat, die Muslime in Indien mehr beunruhigen als ein Abstimmungsergebnis in Kaschmir. Bliebe das Tal von Kaschmir bei Indien, dann stünde Indien vor der Weltöffentlichkeit besser da als zuvor und könnte von Pakistan erwarten, dass die als Vorbedingung für die Abstimmung getroffenen Abmachungen eingehalten werden, die unter anderem die endgültige Anerkennung der *Line of Control* als Staatsgrenze beinhalten würden. Es ist daher zu erwarten, dass Indien den Kurs verfolgen wird, eine solche Abstimmung im Tal von Kaschmir durchführen zu lassen, wobei Pakistan mitmachen müsste, weil es ja stets eine solche Abstimmung gefordert hat. Für Indien hätte dieser Kurs außerdem noch den Vorteil, dass es seine Sicherheitskräfte aus dem Tal von Kaschmir abziehen könnte, ohne eine Zunahme der von Pakistan aus unterstützten terroristischen Aktivitäten befürchten zu müssen, denn Terror wäre bei einer bevorstehenden Volksabstimmung kontraproduktiv.

Schon im Vorfeld einer Abstimmung im Tal von Kaschmir könnte die indische Regierung mit den bewährten Mitteln des indischen Föderalismus drei neue Bundesländer schaffen: Jammu, Ladakh und das auf das Tal beschränkte Kaschmir. Erst unlängst sind durch ein Gesetz vom 1. August 2001 drei neue Bundesländer geschaffen worden: Chhattisgarh, Jharkhand und Uttaranchal. Sie wurden von den alten Bundesländern Madhya Pradesh, Bihar und Uttar Pradesh abgetrennt. Für Bihar bedeutete das sogar den Verlust der Hälfte seines Territoriums. Verglichen damit wäre eine Aufteilung des Bundeslandes Jammu und Kaschmir ein weit geringfügigeres Unternehmen, wenn die Autonomie von Jammu und Kaschmir nicht durch die indische Verfassung garantiert wäre. Doch auch dieses verfassungsrechtliche Problem ließe sich lösen, wenn man die Autonomiebestimmung auf das neuzuschaffende Bundesland Kaschmir übertrüge, die anderen beiden neuen Bundesländer aber davon ausnehmen würde.

Die unparteiische Durchführung der Volksabstimmung wäre natürlich von größter Bedeutung. Hierfür könnte die seit langer Zeit überwinternde UNCIP wieder aktiviert werden. Die USA, die ihr angehören, würden sich dabei wohl am besten auf die Rolle eines «facilitator» beschränken und nicht den Vorsitz führen. Das meiste Personal sollte von den beiden Ländern gestellt werden, die seinerzeit von Pakistan und Indien als Mitglieder der Kommission benannt worden sind: Argentinien und Tschechien/Slowakei. Den Vorsitz könnte vielleicht eines der beiden kleineren Länder übernehmen, die seinerzeit vom Sicherheitsrat benannt wurden: Kolumbien oder Belgien.

Das hier entworfene Szenario setzt selbstverständlich voraus, dass die indische Regierung ihre Chancen so sieht, wie sie hier dargestellt wurden, und den politischen Willen hat, sie zu ergreifen. Innenpolitische Unwägbarkeiten und erneute Terroranschläge, die eine neue Krieg-in-Sicht-Krise heraufbeschwören würden, könnten dazwischenkommen. Ferner muss auch in Pakistan ein Verhandlungspartner vorhanden sein, mit dem Indien die erforderlichen Vereinbarungen treffen könnte. Die von General Musharraf versprochenen Wahlen werden eventuell zur Bildung einer demokratischen Regierung führen, die in einer Konfliktlösung im angegebenen Sinne eine Chance sehen könnte, um die Übermacht der Armee zu beschränken, die geradezu von diesem Konflikt lebt.

Die muslimische Minderheit in Indien und der Kaschmirkonflikt

Jawaharlal Nehru, der im selben Atemzug den Anschluss von Jammu und Kaschmir an Indien verkündete und die Abhaltung einer Volksabstimmung versprach, erkannte erst nach und nach, welches Risiko er damit eingegangen war. Jinnah hatte, als er Indien verließ, um sein Amt als Generalgouverneur in Pakistan anzutreten, den in Indien verbleibenden Muslimen den Rat gegeben, gute Staatsbürger Indiens zu werden. Er hatte sie keinesfalls dazu aufgefordert, sich als fünfte Kolonne Pakistans in Indien zu betrachten. Aber dadurch, dass er in seinem letzten Lebensjahr die pakistanische Intervention in Kaschmir vorantrieb, ließ er die muslimische Minderheit in Indien als eine solche fünfte Kolonne erscheinen – so sahen es wenigstens die Hindu-Nationalisten. Freilich haben manche indischen Muslime durch pro-pakistanische Äußerungen dazu beigetragen, dass dieser Eindruck entstehen konnte. Nehru sah über solche Fehler hinweg und tat alles, um den indischen Muslime eine politische Heimat zu geben, allerdings handelte er sich damit den Vorwurf ein, diese Minderheit mehr zu beachten als die hinduistische Mehrheit.

Bereits im Juli 1948 äußerte Nehru erste Zweifel an der Abhaltung einer Volksabstimmung in Kaschmir und meinte, es sei besser, Jammu und Kaschmir zu teilen, wie es die scheidenden Briten mit Indien getan hatten. Er sprach darüber mit dem tschechischen Mitglied der UNCIP Jan Korbel, der ihm erzählte, wieviel Unheil Hitler, aber auch die Kommunisten mit Plebisziten angerichtet hätten. Damit mag er bereits Nehrus basisdemokratisches Vertrauen in den Wert von Volksabstimmungen erschüttert haben. Aber noch im Laufe des Jahres 1953 hatte Nehru direkt mit dem pakistanischen Premierminister über die Abhaltung der Volksabstimmung verhandelt, dabei jedoch schon Warnungen ausgesprochen, dass man die Gesamtheit der Beziehungen der beiden Länder zueinander und das Schicksal der Minoritäten im Auge behalten müsse. Pakistans Beitritt zum amerikanischen Paktsystem setzte dann alledem ein Ende, von nun an überwogen Nehrus Bedenken. Dabei traten immer stärker die Argumente in den Vordergrund, die die Zukunft des säkularen Staats in Indien und das Schicksal der muslimischen Minderheit betrafen.

Nach Nehrus Tod wurden die Debatten nicht mehr in diesem Sinne verfolgt. Indira Gandhi war realpolitischer eingestellt. Die Schwächung Pakistans durch die Abspaltung Bangladeshs und die Tatsache, dass die muslimische Minderheit in Indien diesen Veränderungen wenig Aufmerksamkeit geschenkt hatte, bestärkten Indira Gandhi in dieser Einstellung. Als Wähler waren ihr die Muslime willkommen, aber sie widmete ihnen keine besondere Aufmerksamkeit.

Die Stellung der muslimische Minderheit im politischen Leben Indiens wurde nun in anderen Zusammenhängen debattiert, die mit Kaschmir nichts zu tun hatten. Das Versäumnis, ein einheitliches Erb- und Familienrecht in Indien durchzusetzen, aber auch der Konflikt um die Moschee in Ayodhya wurden weit lebhafter diskutiert als der Kaschmirkonflikt. Dabei wurde immer wieder deutlich, dass es der muslimischen Minderheit an ernstzunehmenden Sprechern fehlte. Gelegentlich machten Scharfmacher von sich reden, so Syed Shahabuddin, einst ein Kommunist, der nur durch Nehrus Fürsprache in den indischen diplomatischen Dienst aufgenommen worden war. Er wurde Parlamentsabgeordneter der *Janata Party* und machte sich als Verteidiger der Moschee von Ayodhya einen Namen, geriet aber ebenso schnell wieder in Vergessenheit, wie er zu vorübergehendem Ruhm gekommen war.

Ein grundsätzliches Problem der muslimischen Minderheit in Indien liegt darin begründet, dass sie außer in Kaschmir in der Diaspora lebt – und eben gerade deshalb bei der Teilung in Indien verblieben ist. So gibt es viele regionale muslimische Minderheiten, die sogar verschiedene Sprachen sprechen. Nur die islamischen Gelehrten können Arabisch, gelegentlich auch noch Persisch. Urdu, das vielen Muslimen als «islamische» Sprache gilt, ist auf Nordindien beschränkt. In den meisten Gebieten Indiens sind die Muslime arme Handwerker, Bauern und Arbeiter. Nur im Westen in Gujarat und in der Metropole Mumbai gibt es viele muslimische Kaufleute, von denen manche recht reich sind. Während der muslimische Bevölkerungsanteil in ganz Indien 11 bis 12 Prozent beträgt, sind die regionalen Unterschiede beträchtlich. Im Süden stellen sie höchstens 3 Prozent der Bevölkerung. Im großen nördlichen Bundesland Uttar Pradesh haben sie einen Bevölkerungsanteil von 17 Prozent, in den Städten dieses Bundeslandes ist der Anteil der Muslime mit über 40 Prozent der höchste in Indien. Sie sind dort meist Handwerker, z. B. Weber; in der städtischen Oberschicht sind sie nur geringfügig vertreten.

Wie das Pogrom in Gujarat gezeigt hat, das aufgrund lokaler sozialer Spannungen entstanden ist und auf dieses Bundesland beschränkt blieb, artikuliert sich der Gegensatz von Hindus und Muslime regional und nicht in ganz Indien auf dieselbe Weise. Deshalb wäre auch nicht damit zu rechnen, dass ein für Indien ungünstiges Abstimmungsergebnis im Tal von Kaschmir zu einem allgemeinen Pogrom gegen Muslime in Indien führen würde, es sei denn, es würde von daran interessierten Kreisen gezielt organisiert. Je länger man freilich eine solche Abstimmung hinauszögert, desto eher wäre mit solchen Unruhen zu rechnen. Hierbei wäre auch der wachsende Einfluss des islamischen Fundamentalimus zu beachten, der als Gegenreaktion den Hindu-Nationalismus radikaler werden lässt. Noch sind die meisten indischen Muslime in eine regionale Volksfrömmigkeit eingebettet und haben wenig für den puritanischen Fundamentalismus übrig, der diese Volksfrömmigkeit als «unislamisch» bezeichnet. Die in Pakistan beheimateten fundamentalistischen Organisationen, die sich anheischig machen, auch Indien in ihrem Sinne zu missionieren, gewinnen vor allem bei der jungen Generation indischer Muslime mehr und mehr Sympathien. Die Fundamentalisten verkünden die Einheit aller Muslime, dem setzen die Hindu-Nationalisten die Einheit aller Hindus entgegen. Je virulenter dieser Gegensatz wird, desto schwieriger dürfte es werden, eine Volksabstimmung im Tal von Kaschmir durchzuführen. Es ist daher Eile geboten, wenn eine Konfliktlösung durch eine Volksabstimmung angestrebt wird.

Mäßigung am Rande des Abgrunds?

Weder die indischen noch die pakistanischen Massen haben eine Ahnung davon, was ein Krieg – und gar noch ein Atomkrieg – wirklich bedeutet. Ab und zu gibt es auf beiden Seiten eine geradezu euphorische Kriegsbegeisterung, die jeden, der bereits einen Krieg erlebt hat, erstaunt und erschreckt. Die Kriege zwischen Pakistan und Indien von 1965, 1971 und 1999 dauerten jeweils nur wenige Wochen. Sie wurden jeweils von Pakistan angezettelt und von Indien gewonnen – woraus Pakistan offenbar keine Lehren gezogen hat. Sie blieben regional beschränkt und betrafen die Zivilbevölkerung nur marginal. Wenn die Massen daher schon vom konventionellen Krieg keine Ahnung haben, so können sie sich einen Atomkrieg noch weniger vorstellen.

So gesehen ist es geradezu tröstlich, dass ein Atomstaat nicht von den Massen, sondern von einer kleinen Machtelite kontrolliert wird, die sehr wohl in der Lage ist, sich die Auswirkungen eines solchen Krieges vorzustellen. Sie kennt die Bilder von Hiroshima und Nagasaki und hat erfahren, welche Auswirkung die Explosion des Reaktors von Tschernobyl gehabt hat. Im dichtbevölkerten Südasien können zwei benachbarte Atommächte gar nicht umhin, ihren Bürgern und denen des anderen Landes in einem Atomkrieg unsäglichen Schaden zuzufügen, ganz gleich, wer den Erstschlag führt oder einen solchen Krieg «gewinnt».

Bei den Erwägungen der Machteliten der beiden Länder kommt noch hinzu, dass sie in mehrfacher Hinsicht eine Asymmetrie berücksichtigen müssen. Pakistan ist bisher stets der Angreifer und Indien der Verteidiger gewesen. Indien hat erklärt, dass es niemals einen nuklearen Erstschlag ausüben werde, Pakistan hat verkündet, dass es sich als kleineres und schwächeres Land nicht den Luxus leisten könne, auf einen Erstschlag zu verzichten, wenn das die einzige Möglichkeit bleibt, sich gegen das übermächtige Indien zu wehren. Was die pakistanische Machtelite zu übersehen scheint, wenn sie so denkt, ist die Tatsache, dass Pakistan in seiner gegenwärtigen Gestalt einen Atomkrieg mit Indien niemals überleben könnte. Sicher würde ein pakistanischer Erstschlag Indien großen Schaden zufügen. Metropolen würden in Schutt und Asche versinken, Millionen würden sterben. Aber der indische Gegenschlag wäre dennoch nicht aufzuhalten. Außerdem würde die indische Armee Pakistan zerschlagen. Indien hätte sicher kein Interesse daran, Pakistan zu «erobern». Es könnte das zusätzliche Gebiet nicht in sein Staatsgebilde integrieren, selbst wenn es das wollte. Aber es könnte dafür sorgen, dass aus dem derzeitigen Pakistan eine Reihe kleiner Staaten gemacht würde, dabei könnten die bereits bestehenden ethnischen Differenzen genutzt werden. Man könnte dabei an zumindest fünf Staaten denken: Panjab und Pashtunistan im Norden, Seraiki (um Multan) in der Mitte, Sindh und Baluchistan im Süden. Indien verbliebe als einzige Atommacht. Die fünf neuen Kleinstaaten wären dann mehr oder weniger machtlose Klienten Indiens.

Nun ist nicht auszuschließen, dass einige Mitglieder der Machtelite Pakistans davon träumen, Indien in seine Einzelteile zu zerlegen und Pakistan zur Vormacht Südasiens zu machen. Doch dieser Traum wäre so unrealistisch, dass zu hoffen ist, dass andere Mitglieder dieser Machtelite die Träumer rechtzeitig wecken würden, ehe sie sozusagen schlafwandelnd Unheil anrichten könnten. Die Machteliten der beiden Atomstaaten dürften daher Mäßigung am Rande des Abgrunds walten lassen.

Dieses Szenario der Mäßigung kann aber nur dann gelten, wenn keine unvorhergesehenen Katastrophen eintreten, die alle rationalen Erwägungen durchkreuzen. Auch Machteliten von Atomstaaten stehen unberechenbaren Terroranschlägen ohnmächtig gegenüber. Es wäre zum Beispiel gar nicht auszudenken, was passieren würde, wenn islamische Terroristen indische Regierungsmitglieder ermordeten und damit einen Vergeltungsschlag provozierten, oder aber, wenn wieder ein Anschlag auf das indische Parlament verübt würde und dann nicht rechtzeitig vereitelt werden könnte. Es liegt in der Natur der Sache, dass Terroristen nicht zur Mäßigung neigen, selbst wenn sie sich am Rande des Abgrunds befinden. Durch den Zwang, sich durch intensive Gegenmaßnahmen vor Terroranschlägen zu schützen, wird der Atomstaat mehr und mehr zum totalen Überwachungsstaat werden. Die Mäßigung am Rande des Abgrunds wird so durch den Verlust bürgerlicher Freiheiten erkauft.

Mäßigung im Angesicht des Atomtods kann als Sachzwang betrachtet werden, dem die Führungseliten aller betroffenen Länder unterliegen. Doch kommt dabei auch der Einstellung der nationalen Führungspersönlichkeiten eine gewisse Rolle zu. Vajpayee hat gezeigt, dass er angesichts starker Provokationen besonnen bleibt. Nun hat er gerade bei einer Kabinettsumbildung Lal Advani zum stellvertretenden Premierminister ernannt. Es wurde dabei betont, dass es sich hier nicht um die Ernennung eines Nachfolgers handelt, doch sollte Vajpayee noch während der bis 2004 laufenden Legislaturperiode sein Amt aus irgendeinem Grund nicht wahrnehmen können, wird ihn nun Advani vertreten. Vajpayee ist Indiens 12. Premierminister, Advani erst der 7. Stellvertretende Premierminister. Ein Stellvertreter wurde meist immer dann ernannt, wenn der Premierminister nicht stark genug war und einen bedeutenden Rivalen an seiner Seite dulden musste. Das geschah natürlich immer zu Beginn der Legislaturperiode, und oft entledigte sich der Premierminister seines Stellvertreters sobald er sich stark genug fühlte. Advanis Ernennung ist die erste in der Mitte einer Legislaturperiode. Vajpayee hat diesen Schritt wohl deshalb getan, weil er krank ist und auch sonst Vorkehrungen dafür treffen will, dass Indien im Ernstfall keine Führungskrise erlebt. Er tat es aber wohl auch um der Zukunft der BJP willen, die zur Zeit eine Schwächephase hat. Advani war lange Zeit Parteipräsident und hat nach wie vor eine große Gefolgschaft in der BJP. Vajpayee und Advani sind ein bewährtes Team, wobei der eine eher als «Taube», der andere als «Falke» galt. Advani übernahm die Verantwortung für die Zerstörung der Moschee von Ayodhya, bei der er zugegen war. Vajpayee bedauerte diese Zerstörung. Nun bleibt abzuwarten, wie der «Falke» Advani, wenn er im Ernstfall Vajpayee ablösen müsste, die Mäßigung am Rande des Abgrunds bewahrt.

Literaturhinweise

Anand, Mulk Raj (Hg.): V.K. Krishna Menon's Marathon Speech on Kashmir at the U.N. Security Council, Allahabad 1992

Ataöv, Türkkaya: Kashmir and Neighbours. Tale, Terror, Truce, Aldershot 2001

Bamzai, Prithivinath Kaul: A History of Kashmir. Political, Social, Cultural, Delhi 1962

Dutt, Sanjay: War and Peace in Kargil Sector, New Delhi 2000

Ganguly, Sumit: The Crisis in Kashmir. Portents of War, Hopes and Peace, Cambridge 1997

Gupta, Sisir: Kashmir. A Study in India-Pakistan Relations, Bombay 1966

Hewitt, Vernon: Towards the Future? Jammu and Kashmir in the 21st Century, Cambridge 2001

Jagmohan: My Frozen Turbulences, New Delhi 1994

Kargil Review Committee Report: From Surprise to Reckoning, New Delhi 1999

Kaul, Pyarelal: Crisis in Kashmir, Delhi 1991

Kulke, Hermann/Dietmar Rothermund, Geschichte Indiens, München 1998

Lamb, Alastair: Birth of a Tragedy. Kashmir 1947, Oxford 1994

Nath, Birbal: Kashmir. The Nuclear Flashpoint, New Delhi 1998

Panagariya, B.L.: Kashmir. Paradise in Turmoil, Jaipur 1994

Rahman, Mushtaqur: Divided Kashmir. Old Problems, New Opportunities for India, Pakistan and the Kashmiri People, Boulder 1996

Rothermund, Dietmar: Geschichte Indiens. Vom Mittelalter bis zur Gegenwart, München 2002

Schofield, Victoria: Kashmir in Conflict. India, Pakistan and the Unfinished War, London 2000

Singh, Jasjit (Hg.): Pakistan Occupied Kashmir. Under the Jackboot, New Delhi 1995

Talbot, Ian: Pakistan. A Modern History, London 1998

Widmalm, Sten: Democracy and Violent Separatism in India. Kashmir in a Comparative Perspective, Uppsala 1997

Wirsing, Robert G. (Hg.): Kashmir: Resolving Regional Conflict. A Symposium, Meerut 1996

Abkürzungen

APHC	All Parties Hurriyat Conference (Kaschmir)
BJP	Bharatiya Janata Party (Indische Volkspartei)
CENTO	Central Treaty Organisation («Bagdad Pact»)
CTBT	Comprehensive Test Ban Treaty (Vertrag zur Beendigung der Atomtests)
DGMO	Director-General of Military Operations (in der indischen und der pakistanischen Armee)
HUM	Hizbul-Mujahideen (Partei der Glaubenskämpfer)
ISI	Inter-Services Intelligence (militärischer Abschirmdienst der pakistanischen Armee)
ISRO	Indian Space Research Organisation
JEM	Jaish-e-Mohammed (Armee Mohammeds; terroristische Organisation)
JKLF	Jammu and Kashmir Liberation Front
MUF	Muslim United Front (Wahlallianz in Kaschmir, 1987)
NPT	Nuclear Non-Proliferation Treaty (Atomsperrvertrag)
RAW	Research and Analysis Wing (Geheimdienst des indischen Innenministeriums)
RSS	Rashtriya Swayamsevak Sangh (Nationaler Selbsthilfebund; Kaderorganisation aus der die meisten Führer der BJP hervorgegangen sind)
SAARC	South Asian Association for Regional Cooperation (Vereinigung zur regionalen Zusammenarbeit, der die folgenden Länder angehören: Bangladesh, Bhutan, Indien, Malediven, Nepal, Pakistan, Sri Lanka)
SEATO	South East Asian Treaty Organisation (als Parallele zur NATO gegründet)
UNCIP	United Nations Commission for India and Pakistan (Kommission der Vereinten Nationen, die sich um eine politische Lösung des Kaschmirkonflikts bemüht)

Zeittafel

14.8.1947	Pakistan wird unabhängig. Generalgouverneur: M. A. Jinnah, Premier: Liaquat Ali Khan.
15.8.1947	Indien wird unabhängig. Generalgouverneur: Lord Mountbatten, Premier: Jawaharlal Nehru.
29.9.1947	Maharaja Hari Singh entlässt Sheikh Abdullah aus dem Gefängnis und ernennt ihn zum Premierminister von Jammu und Kaschmir.
22.10.1947	Invasion Kaschmirs durch pakistanische Freischärler.
27.10.1947	Maharaja Hari Singh unterzeichnet den Anschlussvertrag. Indische Truppen landen auf dem Flugplatz von Srinagar.
1.11.1947	Lord Mountbatten trifft Jinnah in Lahore.
4.11.1947	«Gilgit Scouts» unter Major Brown erklären den Anschluss der *Gilgit Agency* an Pakistan.
31.12.1947	Indien bittet den Sicherheitsrat der Vereinten Nationen, der Aggression Pakistans in Kaschmir ein Ende zu setzen.
21.4.1948	Der Sicherheitsrat beschließt die Bildung einer UN-Kommission zur Abhaltung einer Volksabstimmung.
16.6.1948	Die erste Sitzung der «United Nations Commission on India and Pakistan» (UNCIP) findet in Genf statt. Mitglieder der Kommission sind: Argentinien (von Pakistan benannt), Tschechoslowakei (von Indien benannt), Belgien, Kolumbien und die USA (vom Sicherheitsrat benannt). Pakistan informiert die Kommission von der Anwesenheit regulärer pakistanischer Truppen in Kaschmir.
28.9.1948	Tod Jinnahs.
Okt. 1948	Indische Truppen erobern das zuvor von Pakistan besetzte Gebiet um Kargil.
1.1.1949	Indien und Pakistan akzeptieren eine Waffenstillstandsresolution.
Mai 1949	Maharaja Hari Singh verlässt Jammu und Kaschmir. Sein Sohn Karan Singh übernimmt die Regentschaft.
27.7.1949	Karachi-Abkommen: Indien und Pakistan legen eine Waffenstillstandslinie fest.
12.4.1950	Der Sicherheitsrat benennt den australischen Diplomaten Sir Owen Dixon als Vermittler im Kaschmirkonflikt. Dixon empfiehlt die Teilung des Staates Jammu und Kaschmir. Jammu und Ladakh sollen bei Indien verbleiben, Gilgit etc. bei Pakistan. Nur im Tal von Kaschmir solle eine Volksabstimmung stattfinden.

8.8.1953	Sheikh Abdullah wird abgesetzt und verhaftet.
8.4.1964	Sheikh Abdullah wird freigelassen und von Nehru zu Gesprächen mit Ayub Khan nach Pakistan entsandt.
22.5.1964	Tod Nehrus.
Mai 1965	Sheikh Abdullah wird erneut verhaftet und in Südindien interniert.
1.9.1965	Pakistan greift Jammu und Kaschmir an.
23.9.1965	Nach einer Resolution des Sicherheitsrats kommt es zu einem Waffenstillstand.
Jan. 1966	Durch sowjetische Vermittlung findet eine Friedenskonferenz in Taschkent statt.
Dez. 1971	Sezession Ost-Pakistans (Bangladesh). 90000 pakistanische Kriegsgefangene befinden sich in indischer Hand. Indien macht Geländegewinne in Ladakh.
Juni 1972	Z. A. Bhutto, Präsident Pakistans, und Indira Gandhi vereinbaren in Simla (Simla-Abkommen) die Rückgabe der Kriegsgefangenen sowie die Umbenennung der Waffenstillstandslinie in Kaschmir in «Line of Control». In der Folge sollen weitere Probleme nur bilateral verhandelt werden.
24.2.1975	Indira Gandhi verkündet den «Kashmir Accord»: Sheikh Abdullah wird wieder Ministerpräsident von Jammu und Kaschmir. Es kommt zu einer Koalition von *National Conference* und Kongresspartei.
März 1977	Die *Janata Party* (Premier: Morarji Desai) löst in Indien die Kongresspartei ab. In Jammu und Kaschmir werden Neuwahlen anberaumt, bei denen die *National Conference* die Mehrheit erringt.
8.9.1982	Tod Sheikh Abdullahs. Sein Nachfolger wird Dr. Farooq Abdullah.
2.7.1984	Gouverneur Jagmohan setzt Dr. Farooq Abdullah ab. Nachfolger: G. M. Shah.
23.3.1987	Nach (manipulierten) Wahlen bildet sich eine Koalitionsregierung aus *National Conference* und Kongresspartei. Dr. Farooq Abdullah wird wieder Ministerpräsident.
Dez. 1989	Terroristen («Jammu and Kashmir Liberation Front») entführen die Tochter des aus Kaschmir stammenden indischen Innenministers Mufti Mohammed Sayeed und pressen fünf Gefangene frei.
1990	Jagmohan wird erneut Gouverneur. Dr. Farooq Abdullah tritt zurück. Der Terror im Tal von Kaschmir erreicht seinen Höhepunkt. Mirwaiz Mohammed Farooq und Maulana Masoodi werden ermordet. Exodus der kaschmirischen Pandits.
März 1995	Terroristen der Harkat-ul-Ansar unter der Leitung von Mast Gul besetzen das Heiligtum des Nuruddin Noorani in Charar-e-Sharif.
Sept. 1996	Wahlen. Dr. Farooq Abdullah wird nach sechs Jahren «President's Rule» wieder Ministerpräsident.
11.5.1998	Indien führt Atombombentests durch.

28.–30.5.1998	Pakistanische Atombombentests.
Feb. 1999	«Friedensoffensive» des indischen Premierministers A.B.Vajpayee, Busfahrt nach Lahore.
2–6.5.1999	Indische Truppen werden auf Feindbewegungen im Sektor Drass-Kargil aufmerksam.
13.5.1999	Das indische Brigadehauptquartier Drass gerät unter Artilleriebeschuss.
26.5.1999	Indien beginnt mit Unterstützung der Luftwaffe einen Gegenschlag («Operation Vijay»). Es kommt zu einer Rückeroberung der meisten von pakistanischen Truppen besetzten Höhenzüge.
27.6.1999	Nach dem Besuch des amerikanischen Stabschefs General Zinni kündigt General Musharraf den Besuch des Premierministers Nawaz Sharif in Washington an.
4.7.1999	Nawaz Sharif unterzeichnet in Washington ein Abkommen über die Beendigung der Waffenhandlungen. Der «Tiger Hill» bei Drass wird von indischen Truppen zurückerobert.
Okt. 1999	Staatsstreich des Generals Musharraf in Pakistan.
Dez. 1999	Der pakistanische Terrorist Maulana Masood Azhar, der in Kaschmir im Gefängnis sitzt, wird durch die Entführung eines indischen Flugzeugs freigepresst.
11.9.2001	Zerstörung des World Trade Centers in New York. Indien und Pakistan schließen sich der «Allianz gegen den Terror» an.
Okt. 2001	Masood Azhar organisiert einen Anschlag auf den Landtag von Jammu und Kaschmir.
13.12.2001	Die terroristischen Organisationen Jaish-e-Mohammed (Masood Azhar) und Lashkar-i-Taiba (Hafiz Saaed) organisieren einen Anschlag auf das indische Parlament. Die indische Armee marschiert an der Grenze Pakistans auf («Krieg-in-Sicht-Krise»).
Juni 2002	Durch amerikanische Vermittlung wird die Krise entschärft.

Personenregister